Münsterschwarzacher Kleinschriften

herausgegeben
von den Mönchen der Abtei Münsterschwarzach

Band 167

W0236628

Michael Plattig

Ich wähle alles!

Leben und Botschaft
der Hl. Thérèse von Lisieux

Vier-Türme-Verlag

1. Auflage 2008
© Vier-Türme GmbH – Verlag, Münsterschwarzach 2008
Alle Rechte vorbehalten
Lektorat: Dr. Richard Reschika
Umschlaggestaltung: Morian & Bayer-Eynck, Coesfeld
Umschlagmotiv: Hildegard Morian, Coesfeld
Gesamtherstellung: Vier-Türme GmbH – Benedict Press,
Münsterschwarzach
ISBN 978-3-89680-364-1
ISSN 0171-6360

www.vier-tuerme-verlag.de

Inhalt

Lebenslauf der Hl. Thérèse von Lisieux

1873 2. Januar: Marie-Françoise-Thérèse wird in Alençon geboren.

1877 28. August: Tod der Mutter. Thérèse wählt ihre Lieblingsschwester Pauline zu ihrer zweiten Mutter.

November: Umzug der Familie nach Lisieux.

1882 2. Oktober: Pauline tritt in den Karmel von Lisieux ein.

1884 Erstkommunion.

1886 Privatstunden bei Frau Papinau wegen immer wieder auftretender Krankheiten und entsprechender Fehlzeiten in der Schule.

15. Oktober: Thérèses älteste Schwester Marie tritt in den Karmel von Lisieux ein.

25. Dezember: Thérèse wird von ihrer »Empfindlichkeit« geheilt.

1887 29. Mai: Thérèse bittet ihren Vater um die Erlaubnis, in den Karmel eintreten zu dürfen.

31. Oktober: Besuch bei Bischof Hugonin, um die Bewilligung zum Eintritt in den Karmel zu erbitten (Thérèse war erst 14

Jahre alt und brauchte deshalb eine Sondererlaubnis).

4. November bis 2. Dezember: Romreise mit dem Vater.

20. November: Audienz bei Papst Leo XII., Thérèse durchbricht die Etikette und wendet sich mit der Bitte um Zulassung zum Eintritt direkt an den Papst.

28. Dezember: Bischof Hugonin lässt der Priorin des Karmel von Lisieux eine bejahende Antwort bezüglich des Eintritts Thérèses zukommen.

1888   9. April: Thérèse tritt in den Karmel ein.

1890   8. September: Ordensprofess Thérèses.

1894   29. Juli: Tod des Vaters.
14. September: Die dritte Schwester Thérèses, Céline, tritt in den Karmel von Lisieux ein.

1895   Januar: Auf Anweisung der Priorin beginnt Thérèse ihre Lebenserinnerungen aufzuschreiben.

1896   2./3. April: Erstes Blutspucken.

1897   April: Thérèses Tuberkulose bricht voll aus.
30. September: Tod auf der Krankenstation des Klosters.

1898   Die von den Mitschwestern »bearbeitete« Autobiografie Thérèses »Geschichte einer Seele« erscheint.

1925   Heiligsprechung durch Papst Pius XI.

1956   Der authentische Text der Autobiografie
       erscheint.

1997   Thérèse von Lisieux wird von Papst Jo-
       hannes Paul II. zur Kirchenlehrerin erho-
       ben.

Thérèse mit 13 Jahren, 1886

Einführung

Thérèses Leben war nach den Maßstäben moderner Effizienz schlichtweg nutzlos. Aus dem katholischen Mief des kleinbürgerlichen Milieus in Frankreich stammend, tritt sie in Lisieux, einem unbedeutenden Ort in der Provinz, in den Karmel ein, lebt dort, arbeitet, betet und stirbt mit 24 Jahren. Sie hat kein karitatives Werk und keinen Orden gegründet, sie hat keine sozialpolitischen Impulse gesetzt, sie hat keine theologische Summe hinterlassen, nur ihr Leben, wie sie es in ihren »Selbstbiographischen Schriften« beschrieben hat, ist geblieben. Papst Johannes Paul II. hat sie zur Kirchenlehrerin ernannt und damit neben Heilige wie Thomas von Aquin, Bonaventura, Gregor den Großen, Teresa von Avila und Katharina von Siena gestellt. Das war und ist ein wichtiges Signal, gerade heute, um zu demonstrieren, dass sich die Botschaft Jesu Christi jeglichem Nützlichkeitskriterium entzieht, dass Leistung und Erfolg keine Maßstäbe des Reiches Gottes sind, dass ein Mensch nicht durch seinen Nutzen, sondern aus sich selbst heraus als Ebenbild Gottes wertvoll ist, unabhängig von seiner ökonomischen Effizienz. Die Heilige aus Lisieux hat durch ihr verborgenes

Leben gezeigt, dass in der radikalen Nachfolge Jesu Christi, in der bedingungslosen Liebe zu Gott eine ungeheure Befreiung steckt. Diese Freiheit Thérèses ist begründet im Glauben daran, dass sie von Gott angenommen und gerechtfertigt ist, ungeschuldet und unverdient, aus Gnade, besser: aus Liebe.

Dieser Spur des Verhältnisses von Freiheit und Gnade, genauer gesagt, von Freiheit aus Gnade wollen wir in den folgenden Kapiteln durch das Leben Thérèses von Lisieux folgen. Fundamental ist für sie der so genannte »kleine Weg«, ein Prozess des Wachstums im Glauben, der ganz auf Gott und sein Wirken vertraut (Kapitel 1). Der Motor dieses Weges ist die Liebe (Kapitel 2), die sich verwirklicht in der Alltagsgestalt des Christseins (Kapitel 3). Der Friede auf dem Grund der Seele ist die Frucht dieses Glaubensweges und gleichzeitig der Erweis seiner Echtheit (Kapitel 4). Weil dies die Kirche als beispielhaft anerkennt, wurde Thérèse von Lisieux nicht nur selig- und heiliggesprochen, sondern zur Kirchenlehrerin ernannt (Kapitel 5). Welche Bedeutung dieses Leben für den Glauben heute haben kann, soll durchgängig Thema sein.

Die wesentlichen Quellen sind Thérèses »Selbstbiographische Schriften«, die aus drei Manuskripten bestehen. Manuskript A enthält die Kindheitserinnerungen Thérèses und entstand zwischen Januar 1895 und Januar 1896. Sie widmet es ihrer leiblichen Schwester Pauline, die vor ihr im Jahr

1882 in den Karmel von Lisieux eingetreten und zu dieser Zeit Priorin war. Manuskript B ist ein Brief an Schwester Marie du Sacré-Cœur, Thérèses älteste Schwester und Taufpatin, gleich ihr Karmelitin in Lisieux. Der Brief wurde zwischen dem 13. und 16. September 1896 verfasst. Eine Fortsetzung zu den Kindheitserinnerungen, worin Thérèse ihr Leben im Kloster behandelt, ist Manuskript C, das im Laufe des Juni 1897 für die Ehrwürdige Mutter Marie de Gonzague niedergeschrieben wurde, die Priorin im Karmel von Lisieux geworden war. Hinzu kommen Thérèses Briefe und die Aufzeichnungen über ihre letzten Gespräche. Darüber hinaus sind noch Gedichte und kleinere Schriften erhalten. Ergänzt werden diese Schriften aus der Hand Thérèses bzw. von ihr diktiert durch Aussagen ihrer Mitschwestern im Selig- und Heiligsprechungsprozess, durch Briefe, die an sie gerichtet waren, und durch Beschreibungen von Angehörigen, besonders die Familie und Kindheit Thérèses betreffend.

So entsteht ein gleichwohl differenziertes Bild eines Glaubensweges, dessen Zentrum und Hauptquelle aber die »Selbstbiographischen Schriften« bleiben, die auch die weiteste Verbreitung gefunden haben.

Das Leben Thérèses ereignet sich am Ende des 19. Jahrhunderts in der französischen Provinz. Diese Zeit ist geprägt durch eine gewisse Abschottungspolitik der Kirche, die sich zunehmend von der Welt in ihren Werten und Überzeugungen bedroht sieht und sich deshalb nach und nach in ein gesellschaftliches Ghetto begibt. In den katholischen Familien der Zeit wird diese Bewegung aufgegriffen und es herrscht eine gewisse Enge. Aus Sorge um Bekenntnistreue und moralische Reinheit wurde streng darauf geachtet, dass nur katholische Zeitungen, nur »sinnvolle« und »einwandfreie« Bücher gelesen wurden, dass Kinder nur sehr kontrolliert in Kontakt mit der Welt kamen. Thérèse nahm Unterricht bei Frau Papinau und ging dafür in deren Haus. Dort gab es Besuche jeglicher Art, und Thérèse bemerkt dazu: »*Diese Stunden hatten noch den Vorteil (außer dem Unterricht, den ich erhielt), dass ich die Welt kennen lernte. ... Wer hätte es geglaubt! ... Die Nase im Buch, hörte ich alles, was gesagt wurde, und sogar das, was ich besser nicht gehört hätte, die Eitelkeit schleicht sich so leicht ins Herz!*« (Sb 83)

Die Frömmigkeit der Zeit ist einerseits sehr stark geprägt von der strikten Einhaltung religiöser Formen und Pflichten und andererseits vielleicht als ein gewisser Ausgleich, sehr süßlich gefühlsbetont in ihren schriftlichen Ausdrucksformen. Bunte bis kitschige Bilder beherrschen die Ikonografie, Verniedlichungen und Blumigkeiten die fromme Sprache.

Davon ist auch die Sprache und sind die Bilder Thérèses geprägt, was den Zugang für eher nüchterne und rationale Menschen manchmal erschwert. Doch es lohnt sich, dabeizubleiben und nach der Bedeutung der Bilder und dem Sinn des Gesagten zu fragen, denn hinter einer zuweilen blumigen Sprache verbirgt sich ein höchst nüchternes Glaubensleben, das oft auch in kleinen Sätzen und Nebenbemerkungen aufblitzt und eine allzu gefühlsgeschwängerte Frömmigkeit kritisiert. Auch die manchmal sehr lieblichen »Jesusbilder« sollten nicht darüber hinwegtäuschen, dass die Erfahrung Thérèses gerade in ihren letzten Jahren vor allem von einem Bild geprägt wird, nämlich vom Gekreuzigten, dem sie konsequent nachfolgte. Hinter einer durchaus zeitbedingten Sprache verbirgt sich mithin ein sehr unzeitgemäßes Leben, das im Ringen mit den Bedingtheiten der Zeit zur Freiheit der Kinder Gottes gelangt.

Thérèse im Juli 1896, etwa ein Jahr vor ihrem Tod

I. Der kleine Weg der heiligen Thérèse von Lisieux

Im Prolog ihrer Selbstbiographie erläutert Thérèse das Geheimnis ihrer Berufung: Jesus »*beruft nicht die, die würdig sind, sondern die er berufen will...*« (Sb 4). Daraus ergibt sich für sie natürlich die Frage, warum nicht allen das gleiche Maß an Gnade zufällt, warum die einen von der Wiege bis zur Bahre behütet aufwachsen, die anderen aber durch Prüfungen müssen. Sie findet die Antwort in der Betrachtung der Natur, wie überhaupt die Natur eine große Rolle in ihrem geistlichen Leben spielt, nicht umsonst bezeichnet sie sich selbst oft als »*kleine Blume*«. »*Jesus würdigte sich, mich über dieses Geheimnis zu belehren. Er stellte mir das Buch der Natur vor Augen und ich begriff, dass alle Blumen, die Er geschaffen hat, schön sind, dass die Pracht der Rose und der weiße Glanz der Lilie dem kleinen Veilchen seinen Duft nicht rauben, noch dem Maßliebchen seine entzückende Schlichtheit ... Ich begriff: Wenn alle kleinen Blumen Rosen sein wollten, so verlöre die Natur ihren Frühlingsschmuck und die Fluren wären nicht mehr übersät mit kleinen Blümchen ... Nicht anders verhält es sich in der Welt der Seelen, die der*

Garten Jesu ist. ... Die Vollkommenheit besteht darin, seinen Willen zu tun, das zu sein, was Er will, dass wir seien ... Ich begriff auch, dass die Liebe unseres Herrn sich ebenso gut in der einfachsten Seele offenbart, die in nichts seiner Gnade widersteht, wie in der erhabensten; da es das Eigentümliche der Liebe ist, sich zu erniedrigen: ... Indem Gott auf diese Weise herabsteigt, bekundet Er seine unermessliche Größe. Wie die Sonne zugleich die Zeder bescheint und jede kleine Blume, als wäre nur sie auf der Erde, so befasst sich unser Herr mit jeder einzelnen Seele so besonders, als ob sie ihresgleichen nicht hätte. Und wie in der Natur alle Jahreszeiten so geordnet sind, dass an dem ihm bestimmten Tage das bescheidenste Maßliebchen erblühen kann, so wirkt alles zusammen zum Besten einer jeden Seele.« (Sb 5f)

Thérèse schneidet hier wesentliche Themen ihrer geistlichen Erfahrung an: die Erkenntnis ihrer selbst und damit der eigenen Kleinheit, die Liebe, deren Wesen es ist, sich niederzubeugen, sich zu erbarmen, und damit verbunden das unerschütterliche Vertrauen in die barmherzige Liebe Gottes, mit der Gewissheit, dass, ganz gleich, was geschieht, alles seinen Platz, seine Funktion, seinen Stellenwert hat im Rahmen dieser Liebe Gottes, die das Beste für jede einzelne Seele, für jeden einzelnen Menschen will.

Thérèse beobachtet bei ihren Mitschwestern auch ein ständiges Werten und damit ein Konkurrenzdenken im geistlichen Leben. Ist jemand scheinbar erleuchteter als andere, begabter auf manchem

Gebiet und so weiter, so schließen einige daraus, dieser oder diese sei von Gott mehr geliebt als sie selbst. Dieses fortwährende »Sich-vergleichen-Müssen« ist für Thérèse ein Hauptübel und darüber hinaus ein Hindernis auf dem geistlichen Weg.

Manche Menschen sind ständig damit beschäftigt, ihren Wert darüber zu bestimmen, dass sie sich mit anderen vergleichen und sich besser oder schlechter, schöner oder hässlicher, intelligenter oder dümmer empfinden als andere. Die fromme Variante verbindet dies noch mit der Frage nach dem Maß der Gnade, das jedem Menschen zukommt. Diese Praxis kann nach und nach krankhafte Züge annehmen, die sich in zwei Richtungen manifestieren können, in die narzisstische und in die der falschen Demut. Der latent narzisstische Charakter muss um der Festigung des eigenen Wertes willen immer die anderen abwerten, denn er ist ja der Beste und Schönste und Intelligenteste. Der Narzisst kann niemanden neben sich bestehen lassen, der in seinen Augen gleichviel oder mehr wert wäre. Die Wertung und das Urteil darüber behält er sich natürlich selbst vor, denn es gibt keinen, der das besser beurteilen könnte, denn wenn es einen solchen gäbe, wäre er nach seinem Empfinden wiederum in seinem eigenen Wert bedroht. Es ist eine oft vertrackte Gedanken- und Empfindungskette, aus der es nur schwer einen Ausweg gibt.

Die falsche Demut wertet sich selbst im Vergleich mit anderen ständig ab, um sich darin zu bestätigen, dass sie nichts wert sei, nichts könne, nichts verstehe und so weiter. Alle anderen erscheinen von vornherein immer besser und wertvoller zu sein. Während die Narzissmusvariante in der Tradition immer als Hochmut etikettiert und damit moralisch abgewertet wurde, konnte die falsche Demut für sich doch manch positive Wertung verbuchen, hat nicht Jesus selbst gesagt, man solle den letzten Platz einnehmen und dass die Letzten die Ersten seien im Reich Gottes?! (Vgl. Lk 14,10f und Mt 19,30) Das macht die Variante »falsche Demut« noch weit gefährlicher und anfälliger für krank machende Verengungen, weil sie mangelndes Selbstwertgefühl und damit oft verbunden mangelndes Empfinden für die eigene Person noch fromm bemäntelt. Solche Menschen sind auch in hierarchischen Systemen zunächst für Oberinnen und Obere sehr bequem, denn sie widersprechen nicht, scheinen Gehorsam zu üben. Dies kann sich allerdings sehr schnell ändern, denn man kann sich darin auch bequem einrichten. Wer jede Herausforderung und jede Anfrage mit dem Hinweis ablehnt, dass er nichts könne und nichts wert sei, kann über kurz oder lang damit rechnen, dass ihm auch nichts mehr zugemutet wird, dass er nicht mehr gefragt, nicht mehr herausgefordert wird und somit ein äußerst bequemes und doch sehr selbstbestimmtes Leben führt. Gerade in Ordensgemeinschaften wird deutlich, wie latent aggressiv diese so harmlos daherkommende Haltung, diese »fromme Faulheit« ist, denn eigentlich handelt es sich um nichts anderes als um eine Praxis beständiger Verweigerung.

Thérèse von Lisieux macht mit ihrem Bild deutlich, dass der Wert des Menschen nicht aus dem Vergleich mit anderen, sondern aus dem Beschienenwerden von Gottes »Gnadensonne« kommt, also von Gott selbst. Die Ablehnung oder Minderung des eigenen Wertes bedeutet damit nichts anderes als die Ablehnung der Gnade Gottes selbst. Gerade weil der Mensch seine Würde nicht selbst erzeugt oder schafft, sondern sie von Gott geschenkt bekommt, besteht die gläubige Antwort in einem gesunden Selbstbewusstsein, das sich dankbar zeigt für die empfangenen Gaben und diese mutig zum Wohl des Ganzen einsetzt.

Gesellschaftlich und politisch hat diese Haltung weitreichende Konsequenzen. Da der Wert des Menschen nicht von ihm selbst oder von anderen Menschen bestimmt oder zugestanden wird, kann er auch nicht von ihm selbst oder anderen in Frage gestellt werden. Damit wäre jeder Missbrauch des Menschen, jede Manipulation zum eigenen Vorteil, jedes Experimentieren mit Menschen aus welchen vermeintlich hehren Zielen auch immer, ausgeschlossen. »Die Würde des Menschen ist unantastbar«, so beginnt der erste Artikel des Grundgesetzes der Bundesrepublik Deutschland und so steht es in den »Menschenrechten«, und trotzdem wurde und wird ständig aus verschiedensten Gründen gerade diese Würde in Frage gestellt, zuweilen mit Füßen getreten. Wenn hinter dem Wert des Menschen und dessen Sicherung nur wieder Menschen stehen, die diesen garantieren oder auch in Frage stellen, ist und bleibt der Mensch dem Menschen ausgeliefert. Dieser Zusammenhang sollte gerade bei der Diskussion um eine europäische Grundordnung und deren Gottesbezug Beachtung finden.

Thérèse hat sich nicht auf der Ebene der politischen Diskussionen bewegt, und doch hat sie Erkenntnisse formuliert und vor allem konsequent gelebt, die auch politisch brisant sind. Dies gilt nicht nur für gesellschaftliche, sondern auch für kirchliche Zusammenhänge. Das Bild und die grundsätzlichen Erwägungen Thérèses verbieten letztlich jede Hierarchie, die mit Bewertungen verbunden ist. Um es deutlich zu machen: Ein Bischof, der seinen Dienst tut, ist im Reich Gottes und damit in der Kirche nicht mehr wert als ein Vater/eine Mutter, der/die für ihre Familie sorgt. Der Papst als Diener der Diener Christi ist nicht mehr wert als die Großmutter, die in der Kirche den Rosenkranz betet, weil dies ihre Aufgabe im lebendigen Leib der Kirche ist. Der Mensch erhält seinen Wert nicht durch seine Funktion im Leib der Kirche, sondern dadurch, dass er von Gott geliebt und von seiner Gnade beschienen ist und dass er den Dienst tut, wozu Gott ihn gerufen und befähigt hat.

Jegliches Vergleichen, das doch so viel psychische Energie kostet und so viel Aufmerksamkeit beansprucht, entfällt damit ersatzlos. Diese Haltung hat natürlich eine Quelle, nämlich das Vertrauen auf Gott und seine Gnade. Vertrauen ist im biblischen Verständnis ein anderer Ausdruck für Glauben. Der wirkliche Aufbau des Reiches

Gottes und seiner Ordnung hängt also davon ab, ob Menschen Gott glauben, dass er sie liebt und sie in ihm ihren letzten Wert und ihre letzte Geborgenheit finden. Wer das glaubt, kann aufhören, sich und andere zu vergleichen und zu bewerten.

Damit ist eine wichtige Haltung für Thérèses so genannten »kleinen Weg« benannt, den sie aus ihren Erfahrungen und Erkenntnissen heraus entwickelt. Sie verwendet zur Beschreibung der Charakteristika des kleinen Weges verschiedene Bilder und Vergleiche. Entscheidend ist die Umkehrung der Perspektive: Nicht Größe und Macht, nicht Einfluss und Fortkommen, nicht Karriere und Reichtum zählen, sondern Kleinsein und Ohnmacht, die eigenen Grenzen akzeptieren und Armut. Es ist das Geheimnis des Senfkorns, von dem Jesus sagt: »Es ist das kleinste von allen Samenkörnern; sobald es aber hochgewachsen ist, ist es größer als die anderen Gewächse und wird zu einem Baum, so dass die Vögel des Himmels kommen und in seinen Zweigen nisten.« (Mt 13,32) Es ist das Geheimnis des Reiches Gottes, in dem andere Maßstäbe zählen, in dem eben gilt, »wer unter euch allen der Kleinste ist, der ist groß« (Lk 9,48) und in dem Menschen wie Paulus die Erfahrung machen: »wenn ich schwach bin, dann bin ich stark.« (2 Kor 12,10)

Thérèse fühlt eindeutig ihre Berufung, eine Heilige zu werden, und gleichzeitig erfährt sie ihre eigene Unvollkommenheit, ihre Kleinheit und Schwäche. Doch sie ist überzeugt: »*Der Liebe Gott flößt keine unerfüllbaren Wünsche ein, ich* darf also trotz meiner Kleinheit nach der Heiligkeit streben; mich größer machen ist unmöglich; ich muss mich ertragen, wie ich bin, mit all meinen Unvollkommenheiten; aber ich will das Mittel suchen, in den Himmel zu kommen, auf einem kleinen Weg, einem recht geraden, recht kurzen, einem ganz neuen kleinen Weg. Wir leben in einem Jahrhundert der Erfindungen, man nimmt sich jetzt die Mühe nicht mehr, die Stufen einer Treppe emporzusteigen, bei den Reichen ersetzt ein Fahrstuhl die Treppe aufs Vorteilhafteste. Auch ich möchte einen Aufzug finden, der mich zu Jesus emporhebt, denn ich bin zu klein, um die beschwerliche Treppe der Vollkommenheit hinaufzusteigen. Ich suchte daher in den heiligen Büchern nach einem Hinweis auf den Fahrstuhl, den ich begehrte, und stieß auf die aus dem Munde der Ewigen Weisheit kommenden Worte: Ist jemand GANZ KLEIN, so komme er zu mir (Spr 9,4). So kam ich denn, ahnend, dass ich gefunden hatte, was ich suchte, und weil ich wissen wollte, o mein Gott! was du dem ganz Kleinen tätest, der deinem Ruf folgen würde, setzte ich meine Erkundungen fort, und schauen Sie, was ich fand: Wie eine Mutter ihr Kind liebkost, so will ich euch trösten; an meiner Brust will ich euch tragen und auf meinen Knien euch wiegen! (Jes 66,12f) Ach! Niemals sind zartere, lieblichere Worte erfreuend an meine Seele gedrungen; der Fahrstuhl, der mich bis zum Himmel emporheben soll, deine Arme sind es, o Jesus! Dazu brauche ich nicht zu wachsen, im Gegenteil, ich muss klein bleiben, ja, mehr und mehr *es werden. O mein Gott, du hast meine Erwartung übertroffen, und ich, ich will deine Erbarmungen besingen.«* (Sb 214f)

Hier wird der Unterschied zur oben beschriebenen »falschen Demut« deutlich. Nicht »sich klein machen«, sondern seine Kleinheit, Angefochtenheit und Endlichkeit zu akzeptieren ist die Herausforderung. Diese Akzeptanz verbindet sich gerade nicht damit, nichts zu wollen, sondern sie verbindet sich mit einer atemberaubenden Kühnheit, die sich mit nichts weniger begnügt als damit, eine Heilige zu werden.

Der erste Schritt zur Heiligkeit ist die Annahme seiner selbst, das Akzeptieren der eigenen Grenzen. Sich selbst zu ertragen ist keineswegs selbstverständlich und nicht leicht. Das Bild vom kleinen Sandkorn, Symbol des Begraben-, des Übersehen- und Vergessenwerdens, kommt bei Thérèse häufig vor (zum Beispiel im Gebet zur Profess, Sb 279). Zur Aufgabe des Sandkorns schreibt sie an ihre Schwester Céline am 28.2.1889: »*Das Sandkorn will sich ans Werk machen, ohne Freude, ohne Mut, ohne Kraft, und alle diese Eigenschaften werden ihm das Unternehmen erleichtern. Es will sich mühen aus Liebe.*« (Brief 82/105f) Der kleine Weg – radikal gedacht, ohne alle Hilfe, ohne alle Mittel, ohne asketische Methoden der Heiligung, nur aus Liebe eine Heilige werden, so könnte man dieses Bild interpretieren. Was bleibt, ist die »Mühe aus Liebe«. Hier könnte Johannes vom Kreuz für Thérèse wichtig geworden sein, der zu den wenigen Quellen gehört, auf die sie sich beruft. Johannes vom Kreuz definiert in seinem Werk »Aufstieg auf den Berg Karmel«: »... denn Lieben ist, wegen Gott an sich zu arbeiten in der Entledigung und Freimachung von all dem, was nicht Gott ist.«[1]

Thérèse verwendet das Bild vom Aufzug. Zu ihrer Zeit waren Aufzüge noch relativ neu. Sie schreibt diese Zeilen 1897. Der erste mechanische Aufzug fuhr 1867 bei der Weltausstellung. Die Arme Jesu sind für sie dieser Aufzug, und sie zitiert zwei Stellen, die vor allem die mütterlichen Qualitäten Gottes betonen. Thérèse will sich ganz auf diese Zusage verlassen und durch ihr Kleinsein vollkommen werden. Das Kleinsein, oder genauer gesagt die zunehmende Annahme der Kleinheit, ist also kein Selbstzweck, »macht« nicht aus sich selbst heraus Sinn, sondern ist immer bezogen auf die Größe Gottes, auf die Macht seiner Barmherzigkeit, auf seine mütterlichen Qualitäten. Thérèse kann dieses Kleinsein leben, weil ihr Vertrauen auf Gott groß ist, weil sie selbstbewusst und konsequent den Weg der Heiligkeit geht. Sie kann ihr Kleinsein annehmen, weil sie sich immer umfangen und gehalten weiß von Gottes großer Liebe.

Es ist sicher kein Zufall, dass das Bemühen um das Kleinsein seine Wurzel bereits in Erfahrungen der Kindheit hat. Sehr früh verbindet sich bei ihr der Wunsch, eine Heilige zu werden, mit dem kleinen Weg. Die Lektüre von Rittergeschichten erweckt in Thérèse das Verlangen nach Heldentaten. Im Rückblick auf ihr Leben stellt sie fest, dass Gott ihr einen anderen Weg zum »Ruhm« gezeigt hat, nämlich nicht glänzende Taten zu vollbringen, sondern sich zu verbergen, die Tugend zu üben und dadurch eine große Heilige zu werden. Es ist hier sehr bezeichnend, wie sich Bescheidenheit und Verborgenheit verbinden mit dem unbescheidenen und unmäßig erscheinenden Wunsch, nicht nur eine Heilige, sondern eine große Heilige zu werden. Aber genau das ist für Thérèse kein Problem, da sie dabei nicht auf ihre eigenen Kräfte setzt, vielmehr auf das Wirken der Gnade Gottes. Ihre Wirkungsgeschichte gibt ihr übrigens Recht, denn sie ist wirklich eine große Heilige geworden, die in der ganzen Welt verehrt wird. Thérèse selbst kommentiert ihren Wunsch folgendermaßen: »*Dieser Wunsch könnte vermessen erscheinen, wenn man bedenkt, wie schwach und unvollkommen ich war und nach sieben im Kloster verbrachten Jahren immer noch bin, ich hege jedoch immer dasselbe verwegene Vertrauen, eine große Heilige zu werden, denn ich zähle nicht auf meine Verdienste, da ich gar keines besitze, sondern hoffe auf Den, der die Tugend, die Heiligkeit Selbst ist. Er allein, der sich mit meinem schwachen Bemühen begnügt, wird mich bis zu Sich erheben, wird mich heilig machen, indem er mich mit seinen unendlichen Verdiensten bedeckt.*« (Sb 66f)

Thérèse hat bereits Erfahrung mit dieser verändernden Kraft Jesu gemacht, denn er hat sie im Alter von 13 Jahren (1886) von ihren Skrupeln und ihrer großen Empfindlichkeit befreit. Darüber berichtet sie: »*Als Marie in den Karmel eintrat, war ich noch immer sehr Skrupulantin.*« (Sb 92)

»*Meine übergroße Empfindlichkeit machte mich wirklich unausstehlich; wenn es vorkam, dass ich unabsichtlich einen mir lieben Menschen ein bisschen kränkte, so ließ ich, statt mich zu überwinden und nicht zu weinen, den Tränen freien Lauf wie eine Magdalena, was meinen Fehler nur größer machte, statt ihn zu vermindern, und wenn ich mich endlich über die Sache selbst zu trösten begann, weinte ich darüber, geweint zu haben ... Alle Vernunftgründe waren nutzlos, ich vermochte mich nicht von diesem hässlichen Fehler zu befreien.*« (Sb 93)

Doch am Weihnachtstag des Jahres 1886 erlebt sie Folgendes: »*Der Liebe Gott musste ein kleines Wunder wirken, um mich in einem Augenblick wachsen zu lassen, und er wirkte dieses Wunder am unvergesslichen Weihnachtsfest; ... In jener Nacht, in der Er sich schwach und leidend machte aus Liebe zu mir, machte Er mich stark und mutig. Er legte mir seine Waffenrüstung an, und seit jener gesegneten Nacht wurde ich in keinem Kampf mehr besiegt, im Gegenteil, ich schritt von Sieg zu Sieg und begann sozusagen ›wie ein Riese zu laufen!‹*« (Sb 95)

Wie jedes Jahr zu Weihnachten sollte auch in diesem Jahr Thérèse ihre Geschenke in einem Schuh im Kamin finden, und sie freute sich schon darauf. Da macht ihr Vater eine mürrische Bemerkung, dass es nun bald aus sei mit diesem Kinderkram. Céline, Thérèses Schwester, erwartete den unvermeidlichen Tränenausbruch, doch es kam anders: »*Thérèse war nicht mehr die Gleiche.*

Jesus hatte ihr Herz umgewandelt! Ich drängte meine Tränen zurück und eilte die Treppe hinunter; mein Herzklopfen unterdrückend, nahm ich meine Schuhe, stellte sie vor Papa hin und zog fröhlich alle Gegenstände hervor, ... Céline glaubte zu träumen! ... Zum Glück aber war es süße Wirklichkeit, die kleine Thérèse hatte ihre Seelenstärke wiedergefunden, die sie im Alter von viereinhalb Jahren verloren hatte und die sie sich nunmehr für immer bewahren sollte! ... In dieser lichtstrahlenden Nacht begann mein dritter Lebensabschnitt, der schönste von allen, der am reichsten mit himmlischen Gnaden erfüllte ... In einem Augenblick hatte Jesus vollbracht, was mir in zehnjähriger Anstrengung nicht gelungen war, er begnügte sich mit meinem guten Willen, an dem es mir nie fehlte. Wie die Apostel konnte ich ihm sagen: ›Herr, ich habe die ganze Nacht gefischt und nichts gefangen.‹ (Lk 5,5) Noch barmherziger gegen mich als gegen seine Jünger nahm Jesus selbst das Netz, warf es aus und zog es gefüllt mit Fischen wieder ein ... Er machte mich zum Seelenfischer, ich spürte ein großes Verlangen, an der Bekehrung der Sünder zu arbeiten, ein Verlangen, das ich vorher nicht so lebhaft empfunden hatte ... Ja, ich fühlte die Liebe in mein Herz einziehen, das Bedürfnis, mich selbst zu vergessen, um (anderen) Freude zu machen, und von da an war ich glücklich!« (Sb 96f)

Auf dem Hintergrund dieses Textes wird deutlich, wie Thérèse ihren kleinen Weg entwickelt, nämlich aus ihren Erfahrungen mit Gott heraus.

Sie ist bereits mit diesem »Aufzug der Gnade« gefahren, und dadurch erlangte sie, was sie lange durch eigene Anstrengung vergeblich erstrebte. Ein Wachstumsschub wurde ihr einfach geschenkt, ein Wachstum in der Liebe, wie sie es selbst sagt, die Liebe hatte in ihr Herz Einzug gehalten. Sich selbst vergessen für andere, ihre Berufung deutet sich hier bereits an. Von außen betrachtet mag dieses Erlebnis an Weihnachten gering, fast lächerlich erscheinen, doch für Thérèse ist es anders, sie fühlt einen Bruch im Innern, ein neuer Abschnitt beginnt, sie hat mit Jesu Hilfe erreicht, was sie wollte, ihre große Empfindlichkeit zu überwinden.

Dieses Gottvertrauen bezieht Thérèse konsequent auch auf das Gebiet von Schuld und Vergebung: »*Ich brauche die Augen nur auf das Evangelium zu werfen, sogleich atme ich den Wohlgeruch des Lebens Jesu und weiß, nach welcher Seite ich laufen muss ... Nicht zum ersten Platz, nein zum letzten eile ich hin; statt mit dem Pharisäer vorzutreten, wiederhole ich voll Vertrauen das demütige Gebet des Zöllners; vor allem aber ahme ich das Verhalten Magdalenas nach, ihre erstaunliche oder vielmehr ihre liebende Kühnheit, die das Herz Jesu entzückt, reißt das meinige hin. Ja, ich fühle es, hätte ich auch alle begehbaren Sünden auf dem Gewissen, ich ginge hin, das Herz von Reue gebrochen, mich in die Arme Jesu zu werfen, denn ich weiß, wie sehr Er das verlorene Kind liebt, das zu Ihm zurückkehrt. Nicht deshalb, weil Gott in seiner zuvorkommenden Barmherzigkeit meine*

*Seele vor der Todsünde bewahrt hat, erhebe ich
mich zu Ihm im Vertrauen und in der Liebe.*«
(Sb 274f)

Dieser Text wurde im Juni 1897, ihrem Todes-
jahr, verfasst. Am 11. Juli gab die heilige Thérèse
der Ehrwürdige Mutter Agnès de Jésus folgende
Anweisung zur Vervollständigung ihres fragmen-
tarischen Manuskripts: »*Sagen Sie deutlich, meine
Mutter, auch wenn ich alle nur erdenklichen Ver-
brechen begangen hätte, ich verharrte doch immer
im selben Vertrauen, ich bliebe mir bewusst, dass
diese Unmenge von Beleidigungen einem Wasser-
tropfen gleich wäre, der in einen Glutofen fällt.*«
(Sb 275/Anm. 1)

Thérèse betont eindeutig, dass sie die Barmherzigkeit und Liebe Gottes als grenzenlos versteht
und erfahren hat. Dies ist umso erstaunlicher,
da sie in einer Zeit lebte, die in »frommen« Anweisungen sehr schnell von Beleidigungen Gottes
gesprochen und mit adäquaten Strafen gedroht
hat. Dies führte zu verschiedenen Fehlhaltungen,
die Thérèse indirekt kritisiert. Ein solcher Irrtum
ist die Meinung, der Mensch müsse erst würdig
sein, um mit Gott in Kontakt zu treten, das heißt
ohne Sünde und Makel. Schon Jesus widerspricht
dieser Auffassung, wenn er unterstreicht: »Ich
bin gekommen, die Sünder zu rufen, nicht die
Gerechten.« (Mk 2,17) Manche Überzeugungen
allerdings sind schwer auszurotten und halten
sich bis in die Gegenwart. Thérèse steht in einer
guten Tradition, sind es doch Teresa von Avila
und Johannes vom Kreuz, die zu ihrer Zeit gegen

ähnliche Tendenzen vorgegangen waren. Teresa schreibt im Blick auf ihre Schwestern: »Man lasse ab von gewissen Anwandlungen von Scheu, die manche Leute haben und für Demut halten. Jawohl, denn die Demut besteht nicht darin, eine Gnade, wenn der König sie einem erweist, nicht anzunehmen, sondern sie anzunehmen, im Bewusstsein, wie unverdient sie euch zuteil wird, und euch daran zu freuen. Eine saubere Demut wäre das, den Gebieter des Himmels und der Erde bei mir zu haben, dass er also zu mir ins Haus kommt, um mir Gnade zu erweisen und sich an mir zu freuen, ich aber aus Demut weder auf ihn eingehen noch bei ihm bleiben möchte, sondern ihn allein lasse, und dass ich, wenn er mir immer wieder sagt, ihn zu bitten, aus Demut bedürfnislos bleibe, und ihn sogar wieder gehen lasse, weil er sieht, dass ich mit meinen Entschlüssen zu nichts komme! Sorgt euch nicht um solche Demutserweise, Töchter, sondern sprecht mit ihm wie mit einem Vater, einem Bruder und einem Herrn, mal auf diese, dann auf jene Weise; er wird euch schon beibringen, was ihr zu tun habt, um ihm zu gefallen. Hört auf, euch dumm anzustellen. Nehmt ihn beim Wort, denn er ist euer Bräutigam, der euch dann auch entsprechend behandeln soll. Schaut, es liegt für euch viel daran, diese Wahrheit richtig begriffen zu haben: dass der Herr in unserem Innern weilt und wir da bei ihm sein sollen.«[2] Teresa wird wenig später noch deutlicher und genauer in der Beschreibung der Versuchung: »Hütet euch also, Töchter, vor manchen Demutsempfindungen, die euch der Böse in Form von großer Unruhe über die Schwere vergangener Sünden einflüstert: ›Ob ich es wohl verdiene, mich dem Sakramente zu nähern?‹, ›Ob ich mich wohl richtig vorbereitet habe?‹, ›Ich tauge nicht, um unter guten Menschen zu leben‹ – so ähnliche Gedanken, die man durchaus schätzen soll, wenn sie mit innerer Ruhe und Wonne und dem guten Gefühl verbunden sind, die die Selbsterkenntnis mit sich bringt. Wenn sie aber mit Verwirrung und Unruhe und seelischer Bedrängnis und der Unfähigkeit zur Beruhigung der Gedanken verbunden sind, dann glaubt, dass es eine Versuchung ist, und haltet euch nicht für demütig, denn das kommt nicht davon.«[3]

Teresa spricht von falscher Demut, die der »Böse« eingibt. Es ist nicht schwer zu erraten, wen Teresa hier mit dem »Bösen« meint, nämlich jene Kleriker, die immer wieder Gott missbrauchen, um Angst zu machen und dadurch die eigene Autorität zu stärken. Auch Thérèse betont, dass die Ursache ihrer Liebe nicht im Freisein von Todsünde besteht, sondern im Vertrauen auf die Barmherzigkeit und Liebe Jesu, der das verlorene Kind liebt.

Auf ein weiteres Thema in diesem Zusammenhang weist der Text aus der Fußnote. Thérèse dürfte hier Johannes vom Kreuz gefolgt sein, der sich grundsätzlich zum Thema äußert: Man muss wissen, »dass Gott in jeglicher Menschenseele, und sei es die des größten Sünders der Welt, wesenhaft wohnt und gegenwärtig ist. Und diese Art von Gotteinung zwischen Gott und allen Geschöpfen ist immer gegeben; durch sie erhält er sie am Sein, das sie besitzen, derart, dass sie alsbald zunichte würden und aufhörten zu sein, wenn er ihnen auf diese Weise fehlte.«[4]

Johannes vom Kreuz macht deutlich, dass die Einwohnung Gottes nicht verloren werden kann, auch nicht vom Sünder, denn sie gehört gleichsam zum Wesen des Menschen. Dies bedeutet Trost für den Sünder und die beständige Möglichkeit der Umkehr durch Einkehr, durch Rückkehr zu sich selbst, zu seinem Wesen und unterstreicht, dass Sünde primär keine moralische Kategorie ist, sondern eine Selbstentfremdung beschreibt, die auf dem Hintergrund von Gottes Einwohnung im Menschen konsequenterweise auch zu einer Entfremdung von Gott führt.

Thérèse spricht darüber hinaus das Thema der Beleidigung Gottes an und macht deutlich, dass alles negative Handeln des Menschen im Vergleich mit Gottes Liebe als verschwindend gering zu betrachten ist. Letztlich kann der Mensch Gott nicht beleidigen in dem Sinne, dass Gott ihm deshalb zürnen und sich von ihm abwenden würde. Der Mensch tut sich immer nur selbst und natürlich seinen Mitmenschen etwas an, wenn er sich von Gott abwendet und auf seine Liebe nicht antwortet.

Die Rede von der Beleidigung Gottes durch den Menschen ist also heikel, weil sie nur auf dem Hintergrund einer von Liebe getragenen Beziehung richtig verstanden werden kann. Andernfalls stellt sich die Frage, ob der Mensch sich mit der

Rede von der Beleidigung Gottes nicht letztlich über Gott erhebt, denn er könnte durch seine Beleidigung, durch sein Tun Gott manipulieren und ihn dazu bewegen, sich von ihm abzuwenden. Das heißt, der Mensch würde Macht über Gott gewinnen. So erweist sich die scheinbar fromme Rede von der Beleidigung Gottes als der sehr subtile Versuch, sich über Gott zu erheben, also sein zu wollen wie er. Thérèse entlarvt diese Rede mit ihrem Bild vom Glutofen als substanzlos und lächerlich.

Thérèse hatte in ihrem geistlichen Leben nur sehr wenig Begleitung erfahren. Das hatte verschiedene Gründe. Sie selbst sagt dazu: »*Ich sagte, dass Jesus ›mein Seelenführer‹ war. – Als ich in den Karmel eintrat, lernte ich denjenigen kennen, der mir als solcher dienen sollte, kaum aber hatte er mich unter die Zahl seiner Beichtkinder aufgenommen, da ging er in die Fremde (Anm.: P. Pichon wurde am 3.11.1888 nach Kanada in die Mission gesandt) ... So begegnete ich ihm bloß, um seiner alsbald beraubt zu werden ... Nunmehr darauf beschränkt, von ihm einen Brief jährlich zu erhalten, auf zwölf, die ich ihm schrieb, wandte sich mein Herz sehr schnell dem Meister aller Meister zu, und Er war's, der mich in jener Wissenschaft unterwies, die den Gelehrten und Weisen verborgen ist, die Er aber den Kleinsten zu offenbaren geruht (vgl. Mt 11,25).*« (Sb 156)

Auch ihre Erfahrung mit dem Bußsakrament war offensichtlich nicht hilfreich: »*mir war, Jesus selbst wolle sich mir schenken, denn ich war nur ganz kurz im Beichtstuhl, nie sagte ich ein Wort von meinen inneren Empfindungen, der Weg, den ich wandelte, war so gerade, so lichtvoll, dass ich keinen anderen Führer brauchte als Jesus ... Ich verglich die Seelenführer mit getreuen Spiegeln, die das Bild Jesu in die Seelen widerstrahlen, und ich sagte mir, der Liebe Gott wolle sich bei mir keines Mittlers bedienen, sondern unmittelbar wirken!«* (Sb 104)

Thérèse gelangte auf ihrem kleinen Weg zu einem so vertrauten Umgang mit Jesus, dass ihr dieser Seelenführer genügte – und einen besseren kann es tatsächlich nicht geben –, doch dieser unbekümmerte Ton sollte nicht darüber hinwegtäuschen, dass sie vor allem in der Zeit ihrer Nachterfahrung, die noch Thema sein wird, einen Gesprächspartner gebraucht hätte, dieser jedoch offensichtlich überfordert war. Sr. Geneviève de Ste Thérèse gab beim Apostolischen Prozess folgendes zu Protokoll: »Diese Anfechtungen betrafen vor allem die Existenz des Himmels. Sie sprach mit niemandem darüber, um nicht auf andere ihre unsägliche Qual zu übertragen ... Sie hätte sich gerne einem Beichtvater anvertraut, aber unser Kaplan war nahe daran, sie zu verwirren, da er ihr sagte, ihr Zustand sei sehr gefährlich.« (Sb 221, Anm. 2)

Auch heute herrscht zuweilen ein etwas naives Glaubensverständnis, als würde der Glaube, wenn er nur fest genug ist, alle Probleme beseitigen und auf die Sonnenseite des Lebens führen. Der Glaube wird zuweilen zur Droge, die den Blick auf die auch schreckliche Wirklichkeit vernebelt und alles rosarot einfärbt. Leider ist die Mahnung eines der größten Theologen des 20. Jahrhunderts, Karl Rahner, weitgehend unbeachtet geblieben, nämlich dass zum Glauben das Nichtverstehen Gottes, sein Geheimnis gehört, und dieses wächst, je näher ein Mensch diesem Gott kommt. Dies, so Rahner, sollte als Moment des Glaubens angesehen werden, und nicht als dessen Bestreitung. Von daher müsse die Verkündigung die Erfahrung ernst nehmen, »dass des Menschen Grund der Abgrund ist: dass Gott wesentlich der Unbegreifliche ist; dass seine Unbegreiflichkeit wächst und nicht abnimmt, je richtiger Gott verstanden wird, je näher uns seine ihn selbst mitteilende Liebe kommt; ... Solche Mystagogie muss uns konkret lehren, es auszuhalten, diesem Gott nahe zu sein, zu ihm ›Du‹ zu sagen, sich hineinzuwagen in seine schweigende Finsternis.«[5]

Für viele Menschen heute bedeuten gerade diese Zeugnisse Entlastung und Ermutigung, weil sie selbst in bestimmten Zeiten ihres Lebens und Glaubens nichts anfangen können mit einer allzu optimistischen Sicht des Lebens und einer unbekümmerten Verkündigung des Glaubens. Thérèse von Lisieux gibt Zeugnis davon, dass zum Glauben die Nacht gehört und der Zweifel der Bruder des Glaubens ist. Es hilft Menschen in solchen Situationen nicht bzw. stürzt sie noch tiefer ins Dunkel, wenn sie wie im Fall Thérèses hören, ihr Zustand sei gefährlich, oder noch selbst dafür verantwortlich gemacht werden, da sie nicht genug oder nicht richtig glauben würden. Leider herrscht bis heute Mangel an geeigneten Begleiterinnen und Begleitern, die ihre eigene Unsicherheit und Angst nicht auf die zu begleitenden Menschen übertragen, sondern in Kenntnis der spirituellen Tradition, in Kenntnis der Schriften Thérèses von Lisieux, sehr viel einfühlsamer und vorsichtiger mit der Situation umgehen und ihre eigene Ohnmacht im Glauben aushalten können.

II. »Meine Berufung ist die Liebe«

Thérèse beschäftigte immer wieder die Frage nach ihrer persönlichen Berufung. Sie fühlte in sich viele Berufungen: zum Krieger, zum Apostel, zum Kirchenlehrer, zum Märtyrer: »*Ich fühlte in mir die Berufung zum PRIESTER; mit welcher Liebe trüge ich dich, o Jesus, in meinen Händen, wenn auf mein Wort hin du vom Himmel herabstiegest ... Mit welcher Liebe reichte ich dich den Seelen! ... Jedoch, so sehr ich wünschte, Priester zu sein, so bewundere und beneide ich dennoch die Demut des Hl. Franz von Assisi und spüre in mir die Berufung, ihn nachzuahmen, indem ich die erhabene Würde des Priestertums ausschlage.*« (Sb 198)

Thérèse spricht hier von Berufung zum Priestertum, und es kümmert sie nicht, dass sie aufgrund ihres Geschlechts überhaupt nicht Priester hätte werden können. Daraus lässt sich wohl kein Plädoyer für das Priestertum der Frau ableiten, jedoch durchaus ein Infragestellen dieser kirchlichen Praxis, und zwar ein Infragestellen durch Nichtbeachtung, was im Grunde eine der fundamentalsten Formen des Hinterfragens darstellt. Thérèse argumentiert nicht, sie stellt diese Berufung fest und verzichtet nicht aus Achtung vor der kirchlichen Praxis darauf, sondern weil sie die Demut des heiligen Franz bewundert und die Würde des Priestertums ausschlägt. Thérèse scheint die kirchliche Tradition hier überhaupt nicht zu interessieren, sie selbst bleibt die Handelnde. Sie beschwert sich nicht darüber, dass es für sie als Frau nicht möglich ist, Priester zu werden, sie unterwirft sich aber auch nicht passiv der kirchlichen Praxis, sondern sie verzichtet aktiv auf eine Möglichkeit, die sie gar nicht hatte.

Schließlich entdeckt Thérèse im 12. und 13. Kapitel des 1. Korintherbriefes die Schlüsseltexte für ihre Berufung: »*MEINE BERUFUNG IST DIE LIEBE! ... Ja, ich habe meinen Platz in der Kirche gefunden, und diesen Platz, mein Gott, den hast du mir geschenkt ... im Herzen der Kirche, meiner Mutter, werde ich die Liebe sein ... so werde ich alles sein ... so wird mein Traum Wirklichkeit werden!!!*« (Sb 200f)

Thérèse gibt sich nicht mit einer Berufung zufrieden, sie will alles sein, und die Liebe erschließt ihr diese grenzenlose Weite. »*Ja, es ist wahr, ›Liebe schützt niemals Unmöglichkeit vor, weil sie glaubt, dass ihr alles möglich und alles erlaubt ist.‹ ... Die menschliche Klugheit dagegen zittert bei jedem Schritt und wagt kaum den Fuß aufzusetzen.*« (Sb 166) »*Ich bin von Natur so beschaffen, dass die Furcht mich zurückschlägt, mit der Liebe aber schreite ich nicht nur voran, ich fliege.*« (Sb 178)

Die »Entdeckung der Liebe« als Hauptmotor ihrer Berufung ermöglicht Thérèse, alle Grenzen zu überwinden, sie kann nicht nur etwas, sie kann alles sein. In all der physischen Begrenztheit einer Klausur kontemplativer Nonnen gewinnt sie die innere Weite, der alles möglich und alles erlaubt ist. Thérèse lässt nicht zu, dass sie begrenzt wird, durch was oder wen auch immer, sie kämpft nicht gegen die Begrenzung, sie reibt sich nicht an ihr auf, sie überwindet sie mit dem Schwung der Liebe. Dies gilt auch für die psychischen Grenzen, von Natur aus ängstlich und furchtsam, kann Thérèse auch diese einengenden und zum Teil bedrohlichen Zustände ihrer Seele überwinden. Sie erlebt eine Befreiung, einen Durchbruch zum Wesentlichen, zum Zentrum, verbunden mit der Erfahrung von Entgrenzung.

Auch diese Erfahrung hat ihr Fundament darin, dass sie ihr Kleinsein angenommen hat: Gott hat sie in jener Wissenschaft unterwiesen, die den Gelehrten und Weisen verborgen bleibt, die er aber den Kleinsten zu offenbaren geruht (vgl. Mt 11,25). Gott hat Thérèse unterwiesen in der »*Wissenschaft der Liebe, o ja, dies Wort tönt süß im Ohr meiner Seele; nur diese Wissenschaft begehre ich. Nachdem ich alle meine Schätze für sie dahingab, habe ich, wie die Braut des Heiligen Liedes, die Empfindung, nichts gegeben zu haben (vgl. Hld 8,7) ... Ich begreife so gut, dass nur die Liebe uns dem Lieben Gott wohlgefällig zu machen vermag, und so ist diese Liebe das einzige Gut, das ich begehre. Jesus gefällt es, mir den einzigen Weg zu zeigen, der zu diesem Göttlichen Glutofen führt, dieser Weg ist die Hingabe des kleinen*

Kindes, das angstlos in den Armen seines Vaters einschläft.« (Sb 192)

In einer Zeit, in der die Frömmigkeit noch sehr vom Streben geprägt war, Verdienste vor Gott zu sammeln und ihm dadurch wohlgefällig oder, im eher moralischen Sinn, von Sünde frei und rein zu sein, ist es Thérèses Erfahrung, dass allein die Liebe zählt. Diese Liebe drückt sich für Thérèse wiederum in einem grenzenlosen Vertrauen aus, das sie mit dem Bild des Kindes beschreibt, das in den Armen des Vaters einschläft, und mit dem Wunsch, »*Jesus bis zur Torheit zu lieben.*« (Sb 183).

Das Vertrauen zu Gott kennt keine Angst. Gott gegenüber gibt es keine Angst, denn er ist der barmherzige Vater. Thérèses Gottesbild lässt keinen Zweifel. Glaube, Vertrauen und Angst gehen nicht zusammen. Jeder also, der Angst vor Gott verbreitet, verkündet nicht die Botschaft Jesu! Vor Gott Angst zu haben ist genauso neurotisch wie ein Kind, das Angst hätte, sein Vater, seine Mutter könnte es fallen lassen. Das gilt gerade auch für das Ziel des geistlichen Prozesses, die Vollkommenheit: »*Mein Weg ist ganz Vertrauen und Liebe, ich verstehe die Seelen nicht, die vor einem so liebevollen Freund Angst haben. Manchmal, wenn ich gewisse geistliche Abhandlungen lese, in denen die Vollkommenheit durch tausenderlei Erschwerungen hindurch und von einer Menge Illusionen umgeben beschrieben wird, ermüdet mein armer kleiner Geist gar schnell. Ich schließe das gelehrte Buch, das mir Kopfschmerzen macht und das Herz austrocknet, und greife zur Heiligen Schrift.*

Dann erscheint mir alles voll Licht. Ein einziges Wort erschließt meiner Seele unendliche Horizonte, die Vollkommenheit erscheint mir leicht, ich sehe, dass es genügt, sein Nichts zu erkennen und sich wie ein Kind Gott in die Arme zu werfen.« (Brief 226/347)

Die Erschwerungen, von denen Thérèse schreibt, stellen sich heute anders dar, es sind nicht die Anweisungen, die sich auf die Vollkommenheit beziehen, es ist heute eher die konkrete Gestalt des kirchlichen Glaubens, der Menschen den Zugang erschwert. Hierzulande erscheint Glaube sehr institutionalisiert, die Kirchen unterhalten riesige Apparate zur Glaubensverkündigung, aber auch zur Verwaltung. Die Kirchen sind in Sozialwerken und Institutionen engagiert und verwickelt. Ohne dies be- oder gar abwerten zu wollen, bleibt doch festzuhalten, dass diese Realitäten zuweilen den Blick auf die Einfachheit des Glaubens verstellen. Der Glaube verwirklicht sich in seinen fundamentalen Ausdrucksformen nicht durch ein Bekenntnis, nicht durch eine Kirchenzugehörigkeit, einen Verwaltungsakt, sondern durch die gläubig angenommene Zusage Gottes, die in der Taufe gefeiert wird, nämlich Kind Gottes zu sein. Aus dieser Zusage der Taufe wächst der Glaube, der zunehmend zu vertrauen lernt, und entdeckt, was dies für die Gestaltung eines Lebens heißt. Dann werden sicher auch Bekenntnis, Inhalt und Gemeinschaft des Glaubens wichtig, ohne dieses grundlegende Vertrauen aber bleiben letztere Makulatur und Fassade.

Thérèse von Lisieux wird nicht müde, dieses grundlegende kindliche Vertrauen als Fundament des Glaubens gegen jegliche »Erschwerungen« zu betonen und in seinen Konsequenzen zu beschreiben. Der Glaube, der manchmal so komplex und kompliziert erscheint, ist nach Thérèses Erfahrung ganz einfach, nämlich Gott wie einem Vater, einer Mutter zu vertrauen. Doch ist dieser Glaube in seiner Einfachheit herausfordernder, denn er betrifft den Menschen nicht auf der Ebene eines Bekenntnisses oder einer theologischen Meinung, sondern auf der Ebene seines Lebens und seiner Existenz. Glauben bedeutet, das machen Thérèses Bilder und Erfahrungen deutlich, in einer vitalen Beziehung zu leben, und nicht an Buchstaben zu hängen.

III. Die Alltagsgestalt des Christseins

Das Kindsein bei Thérèse ist nicht naiv, es wirkt echt und überzeugt trotz der sicher an manchen Stellen sehr blumigen und für unsere Ohren manchmal schmalzigen religiösen Sprache der Zeit. Kriterium für diese Echtheit, durchaus im Sinne der Unterscheidung der Geister, ist die Freiheit, zu der Thérèse gelangt, die Sicherheit im Urteil, die sie gerade auf diesem Weg und in diesem Prozess des Kindseins und -werdens erreicht: »*Ich bin wirklich weit davon entfernt, eine Heilige zu sein, das allein schon ist ein Beweis dafür; statt mich über meine Trockenheit zu freuen, sollte ich sie meinem Mangel an Eifer und Treue zuschreiben; ich sollte trostlos darüber sein, dass ich (seit 7 Jahren) während meiner Betrachtung und Danksagung einschlafe; nun, es betrübt mich nicht ... ich denke, die kleinen Kinder gefallen ihren Eltern ebenso sehr, wenn sie schlafen, wie wenn sie wach sind; ich denke auch daran, dass die Ärzte ihre Patienten einschläfern, wenn sie eine Operation vornehmen. Schließlich denke ich: ›Der Herr kennt unsere Gebrechlichkeit und ist eingedenk, dass wir Staub sind.‹ (Ps 103,14).*« (Sb 167) Gerade auf diesem Gebiet des Gebetes, das die Hauptaufgabe der Karmelitinnen darstellt, kann Thérèse souverän mit ihren eigenen Unzulänglichkeiten und Unvollkommenheiten umgehen. Der Schlüssel liegt für sie in beiden Fällen in dieser Beziehung des Kindes zum Vater bzw. zur Mutter, aus der sie die Gewissheit erlangt, dass sie trotzdem angenommen, ja geliebt wird und sie sich nicht betrüben oder dabei aufzuhalten braucht.

Ein kurzer Blick in die zeitgenössische Frömmigkeitsliteratur lässt etwas von der Kühnheit Thérèses ahnen und verdeutlicht den Stellenwert ihrer Worte. In einem Betrachtungsbuch von Abbé Chenart, Doktor der Sorbonne und Direktor des Priesterseminars in Paris, das 1889 in deutscher Übersetzung erschien, heißt es bezüglich der Zerstreuungen: »Es ist das sonder Zweifel eine große Unbilde, welche das Gebet vor Gott vergrault und uns der Erhörung gänzlich unwürdig macht. ... Man verliert die Gnade, die man erlangen konnte, und man zieht den Fluch Gottes auf sich. Der Gnadenverlust ist in den Augen einer von dem Glaubenslichte erleuchteten Seele eine furchtbare Sache, und diejenigen, welche nicht erbeben, wenn man sie mit diesem Verluste bedroht, zeigen wohl, dass sie noch in der Finsternis sind, aber Gott gegen sich erbittern durch das Gebet selbst, welches ihn beschwichtigen sollte, ist, was man als das allergrößte Unglück befürchten sollte.«[6]

Allein der Vergleich der Formulierungen zeigt den Abstand der beiden Autoren. Beim Abbé herrschen Superlative der Ängstlichkeit und Furcht, eine weit überzogene Einschätzung des Sachverhalts. Nach seinem Urteil dürfte Thérèse mit ihren Äußerungen wohl zu den Seelen gehören, die noch in der Finsternis sind und Gott durch ihr Gebet erbittern. Die Weite und Freiheit der Gedanken Thérèses kommen auf diesem Hintergrund erst voll zur Geltung. Bei ihr herrschen nicht Vokabeln der Ängstlichkeit und Furcht, sondern Worte des Vertrauens und der Geborgenheit, der Gelassenheit und Ruhe, alles Zeichen für die Echtheit.

Thérèse versteht sich und ihre Seele als einen freien Platz, und sie bittet die Muttergottes, den Platz frei zu räumen, um darauf ein des Himmels würdiges Zelt zu errichten. Dann lädt Thérèse alle Heiligen und Engel ein, zu kommen und ein wunderbares Konzert zu geben. *» Wenn dann Jesus in mein Herz hinabsteigt, so ist Er, glaube ich, zufrieden, so wohl empfangen zu werden, und ich bin es dann auch.«* (Sb 176)

Das Bild ist deshalb so interessant, weil es Thérèses Auffassung vom Gebet verdeutlicht, denn das Bild verwendet sie im Zusammenhang mit der Danksagung nach empfangener Kommunion. Das, was Thérèse zur Verfügung stellt, ist ihre Seele. Die Arbeit, diesen Platz frei zu räumen, das Ambiente zu errichten und auszuschmücken und schließlich ein Konzert zu geben, überlässt Thérèse der Muttergottes, den Heiligen und Engeln. Sie selbst tut nichts dazu, sie stellt, bildlich gesprochen, lediglich den Raum zur Verfügung und ist damit zufrieden, weil Jesus auch damit zufrieden ist.

Es geht Thérèse um die Öffnung ihrer Seele, ihres innersten Raumes für die Ankunft bzw. für die Einwohnung Jesu. Für sie ist dies ein Akt der Hingabe, und nicht eine asketische Anstrengung, was nicht heißt, dass die Hingabe leichter wäre, aber es ist eine andere Bewegung, eine andere Beziehung damit beschrieben.

Thérèse bietet Jesus Raum an und klärt dadurch fast nebenbei ein gerade heute häufiges Missverständnis hinsichtlich des Gebetes auf: »*Ich kann nicht sagen, dass ich bei meinen Danksagungen oft Tröstungen erhielt, es ist vielleicht der Augenblick, da ich ihrer am wenigsten habe ... Das erscheint mir ganz natürlich, denn ich bot mich Jesus an nicht wie jemand, der seinen Besuch zum eigenen Trost empfangen möchte, sondern vielmehr um der Freude dessen willen, der sich mir schenkt.*« (Sb 176)

In einer wirklichen Beziehung, so macht Thérèse deutlich, kann es nicht einfach um das gehen, was ich davon habe (Trost), sondern viel mehr darum, dem andern eine Freude zu machen. Beim Gebet steht also nicht im Vordergrund, ob oder was ich empfinde, sondern ob Jesus Freude hat. Eine vielleicht ungewohnte Formulierung, aber eine sehr wichtige Unterscheidung, die die Frage lebendig hält, was Ziel des Betens ist: der Aufbau, die Pflege, die Feier einer Beziehung oder das Erleben von Tröstung, also der persönliche, emotionale Gewinnzuwachs. Diese Unterscheidung ist nicht nur für die Gottesbeziehung zu beachten, sondern in jeder wirklichen, erwachsenen Beziehung hilfreich.

Fixierungen auf den Trost bzw. das Erleben verhindern genau das, was nach Thérèse für eine wirklich zufrieden machende Beziehung notwendig ist, das Eröffnen von Raum in der eigenen Seele, die Selbsthingabe an ein Du. Teresa von Avila beschreibt dies so: »Denn meiner Meinung nach ist inneres Beten nichts anderes als das Verweilen bei einem Freund, mit dem wir oft allein zusammenkommen, einfach um bei ihm zu sein, weil wir sicher wissen, dass er uns liebt.«[7] Verweilen ist eher eine Haltung, denn ein bestimmtes Tun. Verweilen kann natürlich auch Reden und Worte machen heißen, es kann aber auch einfach Dasein heißen, Anwesenheit beim Freund. Gebet ist mehr als ein bestimmtes Tun, genauer gesagt, das »Tun des Betens« führt nach und nach ins Dasein des Betens.

Auch Thérèse von Lisieux beschäftigt sich wie ihre Namenspatronin mit dem inneren Gebet, wobei sie auch hier ihr Thema »Kindsein« einbringt: »Es ist durchaus nicht nötig, ein schönes, für den entsprechenden Fall formuliertes Gebet aus einem Buch zu lesen, um Erhörung zu finden; träfe das zu ... ach! wie wär' ich zu bedauern! ... Neben dem göttlichen Offizium, das zu beten ich sehr unwürdig bin, habe ich nicht den Mut, mich zum Suchen schöner Gebete in Büchern zu zwingen, das macht mir Kopfweh, es gibt ihrer so viele! ... und dann ist ein jedes schöner als das andere ... Ich könnte nicht alle beten, und da ich nicht weiß, welches auswählen, mache ich es wie die Kinder, die nicht lesen können, ich sage dem Lieben Gott *ganz einfach, was ich ihm sagen will, ohne schöne Phrasen zu machen, und Er versteht mich immer ... Für mich ist das Gebet ein Schwung des Herzens, ein einfacher Blick zum Himmel empor, ein Schrei der Dankbarkeit und der Liebe, aus der Mitte der Prüfung wie aus der Mitte der Freude; kurz, es ist etwas Großes, Übernatürliches, das mir die Seele ausweitet und mich mit Jesus vereint.«* (Sb 254f)

Fast beiläufig benennt Thérèse hier ein Kriterium der Unterscheidung der Geister, das für das christliche Gebetsverständnis entscheidend ist. Das Gebet weitet die Seele des Menschen. Engt das Beten den Menschen ein, macht es ihn verschlossen und lässt es ihn erstarren, dann liegt offensichtlich eine Störung vor. Entweder stimmt etwas mit der Vorstellung vom Gegenüber, von Gott, nicht oder die Gebetspraxis hat sich verselbstständigt bzw. wird mit einseitigen Vorstellungen belastet. Davon wird noch genauer zu reden sein.

Der Vergleich mit den Kindern, die nicht lesen können, hat seine Wurzeln in Erfahrungen des Kindes Thérèse. Sie schreibt darüber: *»Eines Tages fragte mich eine der Lehrerinnen der Abtei, was ich an schulfreien Tagen triebe, wenn ich allein sei. Ich antwortete ihr, dass ich hinter mein Bett ginge in einen leeren Zwischenraum, der sich dort befand und den ich leicht mit dem Vorhang abschließen konnte, und dass ich dort ›dächte‹. – Aber woran denkst du denn?, fragte sie mich. – Ich denke an den lieben Gott, an das Leben ... an die EWIGKEIT, kurzum ich denke! ... Die gute*

Klosterfrau lachte sehr über mich, später erinnerte sie mich gern an die Zeit, wo ich ›dachte‹, und fragte mich, ob ich noch immer ›denke‹. Jetzt ist mir klar, dass ich damals das innere Gebet übte, ohne es zu wissen, und dass bereits der Liebe Gott mich im Geheimen belehrte.« (Sb 69)

Es ist die einfache Art der Meditation, des Nachdenkens über das Leben, ohne alle Technik und ohne komplizierte Anweisungen, die einfache Betrachtung des Lebens auf dem Hintergrund des Glaubens. Es ist die kindliche Schau der alltäglichen Ereignisse, eingebettet und geborgen im Vertrauen des Kindes zu seinem Vater im Himmel. Vielleicht gilt gerade auch für das innerliche Beten: »Wenn ihr nicht umkehrt und wie die Kinder werdet, könnt ihr nicht in das Himmelreich kommen.« (Mt 18,3)

Den Stoff ihres Betens findet die Karmelitin in der Bibel: *»Ich erkenne und ich weiß aus Erfahrung, ›das Reich Gottes ist innen in uns‹ (Lk 17,21). Jesus bedarf keiner Bücher noch Lehrer, um die Seelen zu unterweisen; Er, der Lehrer der Lehrer, unterrichtet ohne Wortgeräusch … Nie hörte ich ihn sprechen, aber ich fühle, dass Er in mir ist, jeden Augenblick. Er leitet mich und gibt mir ein, was ich sagen oder tun soll. Ich entdecke gerade in dem Augenblick, da ich dessen bedarf, Klarheiten, die ich noch nicht geschaut hatte, und zwar sind sie zumeist nicht während der Stunden des Gebetes am reichlichsten, sondern eher bei den gewöhnlichen Beschäftigungen meines Tagewerkes.«* (Sb 184f)

Auch hier wiederum die Betonung der Verknüpfung von Gebet und Leben bzw. Alltag. Für Thérèse sind Beten und auch die Beschäftigung mit der Schrift nicht begrenzbar auf ein bestimmtes und ausdrückliches Tun, sondern Beten und Schriftbetrachtung umschreiben eine Haltung, die das ganze Leben nach und nach erfasst. Gleichsam wie eine Grundmelodie zieht sich das Gebet durch das Leben eines Menschen, mal wird die Melodie vernehmbarer, mal leiser und verborgener, sie verstummt jedoch nicht.

Wohl ohne es zu wissen, knüpft Thérèse damit an die neutestamentliche Tradition des unablässigen Gebets an. »Betet ohne Unterlass!«, mahnt Paulus die Thessalonicher (1 Thess 5,17). Außerdem greift Thérèse die im Mönchtum entwickelte Form der Meditation, die so genannte »Ruminatio« auf, die darin bestand, ein erinnertes Schriftwort – viele Wüstenväter und -mütter waren Analphabeten und hätten sich ohnehin keine Bibel leisten können – dabei halblaut vor sich hinzumurmeln und zu wiederholen. Es ist wie ein Wiederkäuen des Wortes Gottes. Dies geschieht nicht nur in den Gebetszeiten, sondern auch bei der Handarbeit.

Die Heilige aus Lisieux verstand es, aus den kleinen und alltäglichen Begebenheiten ihre Schlüsse zu ziehen und darüber ihre Betrachtungen anzustellen. Sie lehrte in ihrem kleinen Weg, dass die Kleinigkeiten des Alltags das Entscheidende auch im geistlichen Leben sind, wobei es ihr ganz konkret um die täglichen Werke geht: »*Die schönsten*

Gedanken sind nichts ohne die Werke.« (Sb 245)
Deutlich klingt hier Teresa von Avila an, die im
innersten Bezirk ihrer Burg, das heißt im Zentrum mystischer Erfahrung, betont: »das ist die
Bestimmung dieser geistlichen Ehe, nämlich dass
ihr immerfort Werke entsprießen, Werke.«[8] Wenig später schreibt sie: »Glaubt mir: Marta und
Maria müssen zusammengehen, um den Herrn zu
bewirten und immer bei sich zu haben, und ihn
nicht mit einer schlechten Bewirtung abzufertigen,
indem sie ihm nichts zu essen geben.«[9]

Thérèse von Lisieux folgt hier Teresa konsequent: »*Nicht die Arbeiten Marthas sind es, die
Jesus tadelt, diesen Arbeiten hat sich seine gött-
liche Mutter ihr ganzes Leben lang demütig un-
terzogen, da sie die Mahlzeiten der Hl. Familie
zubereiten musste. Einzig die Unrast seiner eif-
rigen Gastgeberin wollte Jesus zurechtweisen. Alle
Heiligen haben das begriffen.*« (Sb 274) Doch die
Heilige von Lisieux prägt auch dieser Auffassung
von den Werken ihren Stempel auf, wenn sie am
18. Juli 1893 an ihre Schwester Céline schreibt:
»*Ich habe diese Erfahrung gemacht: wenn ich
nichts empfinde, wenn ich UNFÄHIG bin zu beten, die Tugend zu üben, dann ist es an der Zeit,
kleine Gelegenheiten zu suchen, Nichtigkeiten,
die Jesus Freude bereiten, mehr Freude als die
Herrschaft über die Welt oder sogar mehr als das
großmütig erlittene Martyrium, beispielsweise ein
Lächeln, ein liebes Wort, wenn ich nichts sagen
oder ein verdrießliches Gesicht machen möchte
usw. usw.*« (Brief 143/204) Es ist ein kühner Satz:

Ein Lächeln, ein liebes Wort, das die Verdrießlichkeit des Alltags überwindet, sollen in den Augen Jesu mehr wert sein als ein Martyrium? Doch für Thérèse ist das kein Problem, es ist nur die konsequente Ausdeutung ihrer Erfahrung, dass die Größe des Werkes und der Tat keine Rolle spielt, sondern das Ernstnehmen der eigenen Berufung, des Willens Gottes hier und jetzt und heute und für mich. Und für sie sind es ein Lächeln und ein liebes Wort, die jetzt gerade notwendig, im Sinne von Not wendend sind, und das ist wichtiger als ein Martyrium, dessen Motivation sie an anderer Stelle durch einen Ausspruch P. Pichons radikal in Frage stellt: »*Die Märtyrer litten mit Freuden, der König der Märtyrer mit Traurigkeit. Ja, Jesus hat gesagt: ›Vater, nimm diesen Kelch weg von mir.‹ (Mt 26,29) Geliebte Schwester, wie können Sie da sagen, meine Wünsche seien das Zeichen meiner Liebe? ... Ah! Ich fühle wohl, es ist keineswegs das, was dem Lieben Gott in meiner kleinen Seele gefällt; ihm gefällt zu sehen, dass ich meine Kleinheit und meine Armut liebe, meine blinde Hoffnung auf seine Barmherzigkeit ... Das ist mein einziger Schatz.*« (Brief 197/303)

Thérèse mag keine Heldentaten und kein großes Aufsehen. Sie formuliert an dieser Stelle die drei Grundpfeiler ihres geistlichen Lebens: Annahme der Kleinheit und Armut und blinde Hoffnung auf Gottes Barmherzigkeit – und das verwirklicht, sich zeigend in den Werken des Alltags, im Lächeln und im lieben Wort.

Thérèse von Lisieux empfindet gerade durch ihre Nähe zum leidenden Christus die verherrlichenden Märtyrerlegenden als Zumutung. Am Leiden gibt es nichts zu verherrlichen! Deshalb lehnt sie diese Art der christlichen Geschichtsschreibung ab und stellt dem triumphalen Gang der Märtyrer in den Tod den flehenden Christus in Gethsemane und den schreiend sterbenden Christus am Kreuz gegenüber. Konsequent wendet sie nun diese Erkenntnis auf ihr alltägliches Leben an, und so verändern sich ihre Maßstäbe grundlegend. Ein Lächeln, obwohl sie nicht lächeln möchte, eine gute Tat, obwohl ihr eigentlich nicht danach ist, werden für sie zu den eigentlichen Heldentaten des Christentums, und sie stellt sie in ihrer Werteskala über das großmütig erlittene Martyrium. Nicht zuletzt die Erfahrung des dunklen Gottes, von der noch zu reden sein wird, führt Thérèse von Lisieux zu einer pointierten und radikalen Kritik aller Heldenverehrung und aller heldenhaften Posen im Christentum.

Der überschwänglichen Marienverehrung ihrer Zeit begegnet sie noch fünf Wochen vor ihrem Tod kritisch. Am 21. August 1897 diktiert sie: »*Wie gerne wäre ich Priester gewesen, um über die Heilige Jungfrau predigen zu können! Ein einziges Mal hätte mir genügt, um alles zu sagen, was ich über diesen Gegenstand denke! Zuerst hätte ich gezeigt, wie wenig man über ihr Leben weiß. Man sollte nicht unwahrscheinliche Dinge sagen oder Dinge, die man nicht weiß, wie zum Beispiel,*

dass sie, als sie noch ganz klein war, als Dreijäh-
rige, in den Tempel gegangen ist, um sich Gott in
glühender Liebe und mit ganz außerordentlichen
Gefühlen darzubringen; in Wirklichkeit ist sie
vielleicht einfach hingegangen, um ihren Eltern
zu gehorchen.« (LG 177)

Mit erfrischender Nüchternheit entlarvt Thérèse von Lisieux die fromme Legendenbildung,
indem sie Marias Verhalten als ganz normale
Reaktion einer Dreijährigen qualifiziert. Leicht
überliest man den Anfang dieses Textes, der an-
gesichts zahlloser Marienpredigten an den unzäh-
ligen Marienfesten schon als kritische Anmerkung
zu werten ist, wenn ihr ein einziges Mal genügen
würde, um »alles zu sagen«. Die Verwendung
der Superlative zeigt die Kritik Thérèses an zeit-
genössischen Predigten. »*Und warum sagen, die*
Heilige Jungfrau habe von dem Augenblick an,
als sie die prophetischen Worte des greisen Sime-
on hörte, unablässig die Passion Jesu vor Augen
gehabt? ›*Ein Schwert des Leidens wird deine Seele*
durchbohren‹, *hat der Greis gesagt. Das galt also*
nicht für die Gegenwart, wie Sie sehen, Mütter-
chen; es war eine allgemeine Vorhersage für die
Zukunft.« (LG 177f)

Ohne jemals eine Vorlesung über Bibelexegese
gehört zu haben, insistiert Thérèse darauf, den
Text zu lesen, wie er in der Schrift steht, also vom
Wort der Bibel, nicht von der eigenen Fantasie
auszugehen. »*Damit mir eine Predigt über die*
Heilige Jungfrau gefällt und nützt, muss ich ihr
Leben vor mir sehen, wie es wirklich war, aber

nicht ein erdachtes Leben; und ich bin überzeugt,
dass ihr wirkliches Leben ganz einfach gewesen
sein muss. Man stellt sie unnahbar dar, aber man
müsste sie nachahmbar zeigen, ihre Tugenden
aufzeigen, sagen, dass sie aus dem Glauben lebte
wie wir, die Beweise aus dem Evangelium dafür
anführen, wo wir lesen: ›Sie verstanden nicht,
was Er zu ihnen sagte.‹ Und diese andere, nicht
minder geheimnisvolle Stelle: ›Seine Eltern waren
voll Bewunderung über das, was man über Ihn
sagte.‹« (LG 178)

Thérèse fordert für die Marienverehrung einen
konsequenten Schriftbezug, der Jahrzehnte nach
ihrem Tod, nämlich im Rahmen des Reformpro-
zesses des Zweiten Vatikanischen Konzils, zum
Kriterium der Marienverehrung generell wird.
Sie fordert auch bei der Marienverehrung die Ab-
kehr von jeglicher legendenhaften Schwülstigkeit.
»Man weiß, dass die Heilige Jungfrau die Königin
des Himmels und der Erde ist, aber sie ist mehr
Mutter als Königin, und man sollte nicht ihrer
Vorzüge wegen sagen, sie verdunkle die Herrlich-
keit sämtlicher Heiligen, wie die Sonne bei ihrem
Aufgang die Sterne zum Verschwinden bringt.
Mein Gott, ist das merkwürdig! Eine Mutter, die
den Glanz ihrer Kinder zum Verschwinden bringt!
Ich denke genau das Gegenteil, ich glaube, sie
wird den Glanz der Auserwählten noch stark er-
höhen.« (LG 178)

Thérèse empfindet die Erhöhung Mariens durch
die Minderung des Glanzes der anderen Heiligen
als »merkwürdig«, und wie im Folgenden deutlich

wird, vermutet sie, dass solche Reden einer verqueren Fantasie entspringen. Sie lehnt eine Verehrung ab, die auf unsinnigen Übertreibungen fußt. »*Es ist gut, dass man von ihren Vorzügen spricht, aber man sollte nicht ausschließlich von ihnen sprechen, denn wenn man in einer Predigt von Anfang bis Ende unablässig Ah! Ah! ausrufen muss, dann kriegt man es über! Wer weiß, ob das nicht manche Seele soweit bringt, dass sie schließlich einem dermaßen überlegenen Geschöpf gegenüber eine gewisse Entfremdung fühlt und sich sagt: › Wenn das so ist, dann kann man sich besser in eine kleine Ecke verziehen und dort leuchten, so gut man eben kann!‹*« (LG 178f)

Thérèse macht sich über bestimmte Predigten lustig. Ihr Verdacht ist, dass diese Art der Verehrung Maria den Menschen entfremdet, anstatt sie ihnen nahe zu bringen. Interessant ist, dass die Bibelstellen, die Thérèse von Lisieux im Rahmen dieses Textes zur Marienverehrung zitiert, vom Leiden, vom Unverständnis und Staunen Mariens sprechen. Gerade also jene Maria, die das Geschehen um ihren Sohn nicht versteht, die eben nicht nach der Verkündigung bereits alles wusste, der der steinige Weg zum Glauben nicht erspart blieb, gerade jene Maria ist für Thérèse von Lisieux die glaubwürdige, diejenige, die sie verehren will und die sie auch als ihre Mutter im Glauben anerkennen kann. Nicht das Ja der Verkündigung, sondern das Unverständnis, das Nichtbegreifen Mariens ist für Thérèse von Lisieux der Beleg ihres authentischen Glaubens.

Die rechte Sicht Mariens ist für Thérèse wichtig, denn der Gottesmutter verdankt sie die Heilung von einer Krankheit, als sie zehn Jahre alt war. Sie will das Bild und die Verehrung Mariens nicht verfälscht sehen, auch nicht durch scheinbar fromme Übertreibungen. Thérèse nimmt Maria als Mutter wirklich ernst, für sie ist das keine fromme Verehrungsfloskel, für sie hat die Verehrung der Gottesmutter ganz reale und einsichtige Konsequenzen: »*ganz allein den Rosenkranz zu beten (ich schäme mich, es einzugestehen) kostet mich mehr Überwindung als das Anlegen eines Bußinstruments ... Ich bin mir bewusst, ihn so schlecht zu beten! Ich kann mich noch so sehr bemühen, die Geheimnisse des Rosenkranzes zu betrachten, es gelingt mir nicht, meinen Geist zu sammeln ... Lange war ich untröstlich über diesen Mangel an Andacht, der mich verwunderte, denn ich liebe die Mutter Gottes so sehr, dass es mir leicht fallen sollte, zu ihren Ehren Gebete zu sprechen, die ihr wohlgefallen. Jetzt betrübe ich mich weniger, ich denke, die Himmelskönigin wird als meine Mutter meinen guten Willen sehen und sich damit zufrieden geben.*« (Sb 255)

Wirklich in Beziehung zu sein entkrampft das Verständnis von Gebet. Es steht nicht das Ableisten einer Form, nicht das Trainieren einer Übung im Vordergrund, sondern das Hineinwachsen in eine Beziehung, und je inniger und selbstverständlicher diese Beziehung wird, desto unwichtiger werden Form und Übung.

Bei manchen gegenwärtigen Meditationswegen oder Gebetsschulen gewinnt man den Eindruck, als ginge es um die Perfektionierung der Form, um eine Übung um der Übung willen. Das bedeutet aber, dass der Weg zum Ziel wird. Dies scheint offensichtlich attraktiv zu sein, wenn man bedenkt, wie oft dieses Wort, das in bestimmten Zusammenhängen durchaus sinnvoll sein kann, zitiert wird. Doch gerade für den Gebetsweg ist es fatal, wenn der Weg, die Übung, die Form zum Ziel des Tuns wird, denn dieser Weg macht nur Sinn, wenn er auf ein Ziel hin, auf Gott hin ausgerichtet ist und bleibt. Diese personale Dimension der Gottesbeziehung ist heute zuweilen ein Problem, denn Beziehung fordert heraus, weil sie ein Gegenüber voraussetzt. Perfektion ist und bleibt selbstbezogen, das Ich und sein Tun stehen im Mittelpunkt des Interesses.

Der Lebensweg Thérèses von Lisieux zeigt, wie befreiend das Leben in der Gottesbeziehung sein kann und wie einengend Perfektion wirkt, die letztlich menschliches Wachstum verhindert, weil sie das Wachstum auf den »ungefährlichen« Part der Perfektionierung und »athletischen« Leistungssteigerung reduziert. Weil Thérèse eine Beziehung lebt, kann sie einengende religiöse Systeme entlarven und umgehen – und deshalb wachsen. Heute ist sicher nicht so sehr das Problem gegeben, dass Skrupulanten erzeugt werden, Menschen also aus Angst vor Gott religiöse Übungen zwanghaft absolvieren. Heute besteht die Gefahr, dass sich religiöse Formen verselbstständigen und zu einem

Zweck in sich werden. Frömmigkeit wird so zum Sport und gleicht sich dem Leistungsdenken der Gesellschaft an. Sie führt zum gleichen Resultat wie das Skrupulantentum der Zeit Thérèses von Lisieux, denn menschliches und geistliches Wachstum werden verhindert, und im Gegensatz zu den Zeiten Thérèses fühlt man sich heute auch noch gut dabei und auf der Höhe der Zeit.

Eine kritische Haltung hat Thérèse auch gegenüber »Marienerscheinungen«. Sie schreibt in einem Brief an ihre Schwester Agnès de Jésus am 10. Mai 1890: »*Wie glücklich bin ich, für immer Gefangene im Karmel zu sein. Ich habe kein Verlangen, nach Lourdes zu gehen und Ekstasen zu haben. Ich ziehe (die Eintönigkeit des Opfers) vor!*« (Brief 106/138). Sie wendet sich damit – für ihre Verhältnisse sehr direkt – gegen die Wundersucht ihrer Zeit, die Suche nach dem Außergewöhnlichen im Glauben.

Thérèse hat keine außergewöhnlichen Erfahrungen im Glauben gemacht, wie ihre Zeit sie gerne den Heiligen und so genannten Mystikerinnen und Mystikern zuschrieb. Für sie bedeutet Glauben das alltägliche Ringen um die Gestaltung der Beziehung zu Gott, zu einem Gott, der sich vernehmen lässt im Wort der Schrift, in der Feier der Sakramente und vor allem in der Begegnung mit dem Nächsten. Die prägenden Erfahrungen ihres Lebens machte Thérèse durch die konsequente Deutung ihres Lebens von Gott her auf Gott hin. So wurde für sie hinter den gewöhnlichen Erfahrungen Gottes Wirken sichtbar. Dies ist ein oft sehr nüchterner und unspektakulärer Vorgang, ein Alltagsglaube, der ohne Wunder, Visionen, Auditionen und ähnliche Erscheinungen auskommt.

IV. Der Friede
auf dem Grund der Seele

Ein Begriff zieht sich durch Thérèses ganzes Leben, genauer gesagt, ein Gefühl, das sie immer wieder beschreibt: der tiefe innere Friede, den sie empfand. Es ist die Gelassenheit dessen, der weiß, dass er richtig ist und dass ihm im Grunde nichts passieren kann, die Geborgenheit dessen, der sein Leben und seine Zukunft ganz dem größeren Gott anheim gestellt hat.

Nach Ignatius von Loyola ist dieser Friede ein Zeichen geistlichen Trostes und deshalb im Sinne der Unterscheidung der Geister ein Anzeichen für die Echtheit der Erfahrung, für die Richtigkeit des Weges. In seinen »Exerzitien« schreibt er: »Überhaupt nenne ich ›Tröstung‹ alle Zunahme an Hoffnung, Glaube und Liebe und alle innere Freudigkeit, die zu den himmlischen Dingen ruft und hinzieht und zum eigenen Heil seiner Seele, indem sie ihr Ruhe und Frieden in ihrem Schöpfer und Herrn gibt.«[10] Für Teresa von Avila zählt der Friede zu den Kennzeichen wirklicher und echter Demut: »Die Demut, so groß sie auch sei, beunruhigt, verängstigt und verwirrt die Seele nicht, sondern bringt ihr Frieden, innere Freude und Ruhe.«[11]

Es ist eine gute und große Tradition, in der Thérèse steht. Im Anschluss an die Stelle, wo sie über die Entdeckung ihrer Berufung schreibt und in diesem Zusammenhang von überschäumender Freude spricht, korrigiert sie sich gleich wieder und beschreibt dieses Gefühl anders: »*Warum von überschäumender Freude sprechen? Nein, dieser Ausdruck ist nicht richtig; es ist vielmehr der ruhige und heitere Friede des Schiffers beim Anblick des Leuchtturms, der ihn zum Hafen führen soll.*« (Sb 201)

Diesen grundlegenden Frieden empfindet sie bereits nach der Audienz bei Papst Leo XIII. am 20. November 1889, den sie vergeblich um die Erlaubnis gebeten hatte, schon mit fünfzehn Jahren in den Karmel eintreten zu dürfen. Dabei wird deutlich, dass sich gleichsam über diesem Frieden in höheren Seelenschichten durchaus andere Gefühle und auch Leiden finden können, die aber den Seelenfrieden nicht tangieren. Es ist die Erfahrung der Gleichzeitigkeit von Bitternis und Frieden: »*Mein lieber Papa war sehr betrübt, als er mich beim Ausgang der Audienz in Tränen aufgelöst sah; er tat, was immer er konnte, um mich zu trösten, doch vergeblich ... Im Grunde des Herzens empfand ich tiefen Frieden, da ich tatsächlich alles getan hatte, was in meinen Kräften stand, um dem Ruf Gottes Folge zu leisten. Aber dieser Friede ruhte ganz auf dem Grunde, während meine Seele von Bitterkeit erfüllt war, denn Jesus schwieg. Er schien abwesend, nichts verriet seine Gegenwart.*« (Sb 139)

Dieser Friede ist schließlich Trost und Halt im Todesleiden, das für Thérèse im Juli 1897 beginnt. Bereits am 4. April 1889 hatte sie den Zusammenhang von Frieden und Leiden in einem Brief an ihre Schwester Céline definiert: *»Sehen wir das Leben in seinem wahren Licht ... Es ist ein Augenblick zwischen zwei Ewigkeiten ... Leiden wir in Frieden ... Ich gebe zu, dass mir das Wort Frieden etwas stark erschien, aber als ich kürzlich drüber nachdachte, fand ich das Geheimnis des In-Frieden-Leidens ... Wer Frieden sagt, sagt nicht Freude, zumindest nicht fühlbare Freude ... Um in Frieden zu leiden, genügt es, gern das zu wollen, was Jesus will ... Um die Braut Jesu zu sein, muss man Jesus ähnlich sein, Jesus ist blutüberströmt, er ist mit Dornen gekrönt!«* (Brief 87/112)

Bis zum Ende ihres Lebens und durch ihr schreckliches Leiden hindurch zieht sich dieser Friede, trotz Dunkelheit, Anfechtung, Verlassenheit und Prüfung, dieser Friede bleibt ihr erhalten. Die Aufzeichnungen ihrer letzten Gespräche geben ein beeindruckendes Zeugnis davon: Am 18. April: *»So gibt mir der liebe Gott alles, was ich brauche, um ganz klein zu bleiben; und das ist notwendig; ich bin immer zufrieden; selbst mitten im Sturm kann ich es mir so einrichten, dass ich meinen inneren Frieden vollkommen bewahre.«* (LG 38) Am 14. Juli: *»Mein Herz ist ganz ausgefüllt vom Willen Gottes, so sehr, dass alles, was man darauf gießt, nicht in sein Inneres eindringt, es ist ein Nichts, das leicht abfließt, so wie Öl sich nicht mit Wasser vermischen lässt. Im Grunde* *meiner Seele bleibe ich immer in einem tiefen Frieden, den nichts trüben kann.«* (LG 104f) Am 3. August auf die Frage, wie sie zu diesem Frieden gelangt sei: *»Ich habe mich selbst vergessen und mich bemüht, in nichts mich selber zu suchen.«* (LG 141) Am 28. August: *»Schauen Sie! Sehen Sie dort unten das schwarze Loch (unter den Kastanienbäumen neben dem Friedhof), wo man nichts mehr unterscheiden kann; in einem solchen Loch bin ich mit Seele und Leib. O ja! Was für Finsternisse! Aber ich bin darin im Frieden!«* (LG 191f) Am 24. September, sechs Tage vor ihrem Tod, auf die Frage: *»Sie haben also kein Vorgefühl, an welchem Tag Sie sterben werden? – O Mutter! Vorgefühle! Wenn Sie wüssten, wie armselig ich bin! Ich weiß nichts, was Sie nicht auch wissen; ich errate nichts, als ich sehe und fühle, aber meine Seele ist trotz der Finsternisse in einem erstaunlichen Frieden.«* (LG 220)

Bis zum Ende bleibt das Paar Armseligkeit und Friede zusammen, denn, wie sie selbst sagte, das eine ist die Frucht des anderen. Hier unterstreicht Thérèse wenige Tage vor ihrem Tod noch einmal den Zusammenhang, der ihr Leben prägte, nicht ein besonderes Wissen, spezielle Intuitionen sind das Fundament ihres Glaubens, sondern das grenzenlose Vertrauen auf Gott, auch in der Finsternis der Seele. Ein Zitat Thérèses, dessen Authentizität zwar nicht erwiesen ist, das aber sehr gut ihr Anliegen zusammenfasst, lautet: *»Die Heiligkeit liegt nicht in dieser oder jener Übung, sondern sie ist eine Gesinnung des Herzens, die uns demütig* *macht und klein in den Armen Gottes, unserer Schwachheit bewusst und bis zur Verwegenheit vertrauend auf seine Vatergüte.*« (LG 141)

Bedrängnis und Frieden, Glaube und Anfechtung, dunkle Nacht und Leuchten in der Gleichgestaltung mit Gott bilden in der christlichen Spiritualität keine Gegensätze, sondern beschreiben Erfahrungen, Wegabschnitte des gleichen geistlichen Wachstumsprozesses, der erst im Tod bzw. im Verwandlungsprozess der Auferstehung seine Vollendung findet.

Thérèse von Lisieux erlebte ihren Glaubens- und vor allem auch ihren Leidensweg als solidarischen Weg mit den Menschen, die ihren Glauben in der Moderne verloren hatten, sie erlebt und durchlebt dieses Glaubensdunkel: »*In den so fröhlichen Tagen der Osterzeit ließ Jesus mich fühlen, dass es tatsächlich Seelen gibt, die den Glauben nicht haben, die durch den Missbrauch der Gnaden diesen kostbaren Schatz verlieren, Quell der einzig reinen und wahren Freuden. Er ließ zu, dass dichteste Finsternisse in meine Seele eindrangen und der mir so süße Gedanke an den Himmel bloß noch ein Anlass zu Kampf und Qual war ... Man muss durch diesen dunkeln Tunnel gewandert sein, um zu wissen, wie finster er ist.*« (Sb 219)

Obwohl Thérèse hinter Klostermauern, abgeschirmt von der Welt, wie man meinen könnte, lebt, nimmt sie entscheidende Strömungen ihrer Zeit wahr. Sie macht Jesus für diese Sensibilität verantwortlich. Klausur bedeutet für Thérèse nicht

Weltabgeschiedenheit, sondern Zuwendung zur Welt auf eine intensive, bis in die eigene Existenz betroffen machende Art und Weise. Der Verweis auf die Osterzeit und auf Jesus macht deutlich, in welchem Zusammenhang Thérèse ihr Erleben und ihr Erleiden deuten und tragen kann, nämlich als Anteilnahme an der Bewegung Gottes, die sich in seiner Menschwerdung zeigt. Deshalb spricht Thérèse hier auch nicht von Christus, denn sie meint den menschgewordenen Gott, der sich mit den Menschen solidarisiert durch das Dunkel von Gethsemane hindurch bis in den Tod. Ihm zu folgen heißt für Thérèse, dass auch sie das Dunkel ihrer Zeit erlebt und sich darin mit den Menschen solidarisch weiß. Deutlich zeigt sich dies in den spezifischen Versuchungen, denen sie sich ausgesetzt erfährt: »*Suche ich Ruhe für mein durch all die Finsternis ringsum ermattetes Herz in der Erinnerung an das lichtvolle Land, nach dem ich mich sehne, so verdoppelt sich meine Qual; die Stimme der Sünder annehmend, scheint die Finsternis mich zu verhöhnen und mir zuzurufen: Du träumst von Licht, von einer mit lieblichsten Wohlgerüchen durchstromten Heimat, du träumst von dem ewigen Besitz des Schöpfers all dieser Wunderwerke, du wähnst eines Tages den Nebeln, die dich umfangen, zu entrinnen! Nur zu, nur zu, freu dich über den Tod, der dir geben wird nicht, was du erhoffst, sondern eine noch tiefere Nacht, die Nacht des Nichts.*« (Sb 221)

Diese Erfahrungen machen verständlich, warum Thérèse mit dem triumphalen Glaubensverständnis der Kirche ihrer Zeit nichts anfangen kann. Die naive und sich in Übertreibungen ergebende Heiligenverehrung, wie sie sich in Märtyrerlegenden, in Heiligenviten und in der Marienverehrung ihrer Zeit niedergeschlagen hat, ist Thérèse zutiefst zuwider. Sie kann die darin beschriebene Erfahrung nicht verifizieren und nicht mit ihrer eigenen Glaubenserfahrung in Einklang bringen. Sie erfährt Gott nicht als die Lösung all ihrer Fragen, sie erfährt Gott nicht als denjenigen, der ständig durch irgendwelche außergewöhnlichen Ereignisse in den Gang der Schöpfung und der Geschichte eingreift, *»Jesus aber schwieg und gebot dem Sturm nicht.«* (Sb 226), und sie erfährt Gott nicht als denjenigen, der sich in seiner Verherrlichung entzieht, sondern sie erfährt Gott als denjenigen, der im Leiden nahe ist und damit aber immer auch fraglich und dunkel bleibt. Es ist in diesem Sinne ein moderner Glaube, der sich eher der Tradition der »dunklen Nacht« verpflichtet weiß als einem gesicherten und unhinterfragten Glauben. Thérèse von Lisieux glaubt trotz ihrer Erfahrung des dunklen Gottes: *»es ist kein Schleier mehr für mich, es ist eine bis zum Himmel ragende Mauer, die das gestirnte Firmament verdeckt ... Wenn ich das Glück des Himmels, den ewigen Besitz Gottes besinge, so empfinde ich dabei keinerlei Freude, denn ich besinge einfach, was ICH GLAUBEN WILL. Manchmal freilich erhellt ein ganz kleiner Sonnenstrahl meine Finsternis, dann hört die Prüfung für einen Augenblick auf, aber nachträglich lässt die Erinnerung an diesen Lichtstrahl, statt* *mir Freude zu bereiten, meine Finsternis nur noch dichter werden.*« (Sb 222f)

In der gegenwärtigen religiösen Landschaft, in der das religiöse Erleben und der religiöse Event eine wichtige Rolle spielen, setzt die Heilige von Lisieux mit ihrem »Nichterleben« und ihrer Betonung des »Glaubenwollens« einen wichtigen Kontrapunkt. Bei aller Bedeutung und Wichtigkeit der Erfahrungserkenntnis Gottes bleibt festzuhalten, dass sie den Glauben zu keinem Zeitpunkt überholt oder ihn überflüssig macht und dass sich Christsein nicht auf ein »Eventchristentum« oder einen Glauben für die sonnigen Tage des Lebens reduzieren lässt.

Die Glaubenserfahrung Thérèses von Lisieux schließt nichts aus, sondern alles ein, sogar die Bezweiflung des Glaubens und den nackten Glauben des nur noch »Glaubenwollens«. Jegliches positive Erleben ist Thérèse genommen, und selbst wenn es aufblitzt, ist es nur Anlass zu größerer Qual hinterher. Zweifel bricht auf, ob es überhaupt einen Gott gibt, ob nicht alles Bisherige ein Irrtum war, ob nicht ein unendliches und leeres und sinnloses Nichts der Anfang und das Ende von allem ist. Gott selbst versinkt in einem undurchdringlichen Dunkel.

Thérèse von Lisieux ist immer wieder gerade wegen ihrer »Nachterfahrung« zu Recht eine Heilige der Moderne genannt worden. Eine Heilige der Moderne, die in der religiösen Erlebniswelt der Postmoderne oder Postpostmoderne unter Umständen einen ähnlichen Kontrapunkt setzt wie zu der Zeit, als man glaubte, ihre Autobiografie von gewissen Stellen reinigen zu müssen, damit die »Geschichte einer Seele«, wie der Titel der ersten Ausgabe ihrer Schriften hieß (bereits ein Jahr nach ihrem Tod 1898 erschienen), niemanden verwirrt oder gar Zweifel an Thérèses Heiligkeit aufkommen könnten.

Die wirkliche Thérèse von Lisieux stellt auch kritische Fragen in Bezug auf gegenwärtige Tendenzen eines Eventkatholizismus, der meint, es käme vor allem auf das gemachte und gestylte Erleben und dessen Medienpräsenz an, und der zunehmend aus den Augen verliert, dass der Glaube sich nicht beim Event und im Fernsehen, sondern im Alltag zu bewähren hat. Das Schwerste ist das Kleine, den Glauben auch dann zu bewahren, wenn er im Grau des Alltags oder in der Dunkelheit der Anfechtung sich aufzulösen scheint.

Thérèse mit 15 Jahren kurz vor Eintritt in den Karmel, 1888

V. Die Kirchenlehrerin Thérèse von Lisieux

Papst Johannes Paul II. hat gegen manchen Widerstand Thérèse von Lisieux zur Kirchenlehrerin erhoben. Dies bedeutet, dass ihr »kleiner Weg« von der Kirche ebenso anerkannt und beachtet wird wie die Summa eines Thomas von Aquin und die Schriften eines Augustinus. Damit unterstreicht die Kirche noch einmal (nach der Erhebung Teresas von Avila und Katharinas von Siena zu Kirchenlehrerinnen) ihr Lehrverständnis neu, nämlich dass dazu auch der gelebte Glaube, der geistliche Weg gehört, den Menschen auch ohne theologische Bildung, geführt vom Heiligen Geist, zur Heiligkeit gegangen sind.

Der Papst bestätigt damit eine der Berufungen, die Thérèse nach eigenem Zeugnis in sich entdeckte, nämlich die Berufung »*zum KIRCHENLEHRER*« (Sb 198). Im Apostolischen Schreiben zur Proklamation der heiligen Theresia vom Kinde Jesus und vom Heiligen Antlitz zur Kirchenlehrerin »Divini amoris scientia« vom 19. Oktober 1997 begründet Papst Johannes Paul II. dies unter anderem so: »In den Schriften Thérèses von Lisieux finden sich vielleicht nicht, wie bei anderen

Kirchenlehrern, eine wissenschaftlich ausgearbeitete Darstellung göttlicher Dinge, aber wir können ihnen ein erleuchtetes Zeugnis des Glaubens entnehmen, das, während es mit vertrauender Liebe die achtungsvolle Barmherzigkeit Gottes und das Heil in Christus aufnimmt, das Geheimnis und die Heiligkeit der Kirche offenbart.«

In einer Zeit, in der es bereits Emanzipationsgedanken bei Frauen gab, in der Frauen gehobener Schichten in Frankreich begannen, die Rolle der Frau zu problematisieren, lebte eben dort, von alldem unberührt, Thérèse von Lisieux. Die gesellschaftliche Diskriminierung der Frau war für Thérèse in der Abgeschiedenheit des Karmel nicht ausdrücklich Thema. Sie entwickelte ihren »kleinen Weg«, der die menschliche Kleinheit und Schwachheit radikal zu Ende denkt bzw. bis zum Ende erkundet und so zu enormer innerer und äußerer Freiheit führt. Es ist ein geradezu subversiv zu nennender Prozess, den Thérèse beschreibt und empfiehlt, denn die Betonung und konsequente Annahme der Kleinheit führt gerade nicht zu Abhängigkeit und Schwäche, sondern zur Befreiung, zur Entmachtung asketisch-geistlicher Zwangssysteme. Man muss bei Thérèse genauer hinschauen, um zu erkennen, welch selbstständigen Weg zur Freiheit diese unscheinbare Nonne des 19. Jahrhunderts gegangen ist. Sie ist den Weg gegangen, den sie von Gott her als den ihren erkannt hatte. Aufgrund ihrer Erfahrungen ließ sie religiöse Konventionen, Frömmigkeitsübungen und asketische

Praktiken hinter sich und wandte sich von jeglichem Verdienst- oder Leistungsdenken im geistlichen Leben ab.

Als Frau nimmt Thérèse ihre religiösen Erfahrungen ernst und setzt diese kreativ in ihr geistliches Leben um. Daraus entwickelt sich durchaus innerhalb zeitgenössischer Frauenbilder eine diese Konventionen sprengende Dynamik. Regeln, geistliche Normen und Konzepte werden nicht argumentativ außer Kraft gesetzt, sie werden nicht aktiv, radikal bekämpft, sie werden radikal ernst genommen und dadurch ausgehöhlt und letztlich auf den Kopf gestellt. Die Kraft dazu und die Autorität dafür kann Thérèse als Frau nicht qua Amt oder Weihe, in ihrem Falle nicht einmal qua Bildung beanspruchen, sondern sie hat Autorität aufgrund ihrer authentischen und echten Erfahrung, die sie zu größter innerer Freiheit führt.

Die globale Verbreitung der »Selbstbiographischen Schriften« Thérèses, die weltweite, quer durch alle Schichten reichende Verehrung für sie, ist ein Phänomen, für das es sicherlich unterschiedliche Ursachen gibt, das letztlich aber wohl nicht gänzlich zu erklären ist. Die Wirkungsgeschichte Thérèses ist auch eine Geschichte ihrer Verniedlichung und Verkitschung, wozu ihre leiblichen Schwestern im Karmel von Lisieux den Grundstein legten, als sie praktisch die »Selbstbiographischen Schriften« zur »Geschichte einer Seele« komponierten, um sie in einer flüssigen, der Leserschaft jener Zeit genehmen Form vorzulegen. Ihre ungekürzten, authentischen Schriften erschienen erst 1956 (in deutscher Übersetzung 1958). Fr. François de Sainte Marie OCD, der Herausgeber der Faksimileausgabe ihrer Schriften, betont: »Gewiss haben alle diese Abänderungen die Menschen nicht gehindert, die echte Thérèse darin zu finden und sich von ihrer Lehre zu nähren. Auf der Ebene der wissenschaftlichen und historischen Erkenntnis aber ist klar, dass allein der Urtext Gültigkeit hat.« (Sb, Einleitung XIV) Diese Überzeugung nährt sich wohl auch dadurch, dass ein niedlich-naiv-kitschiges Bild Thérèses wohl kaum eine derartig breite und alle Schichten erfassende Wirkungsgeschichte erlebt hätte.

Mir scheint am Ende dieser Überlegungen evident, dass viele Menschen bei der Lektüre von Thérèses Autobiografie etwas verspürten von der inneren Freiheit dieser Heiligen, miterleben konnten, wie diese Frau in einem weltabgeschiedenen Karmel zu einer Heiligen in der Freiheit der Kinder Gottes wurde. Dies geschah nicht durch komplizierte Reflexion, nicht durch heroische Taten und anstrengende Askese, nicht durch selbstverneinenden Verzicht und strenge Zucht, sondern durch die ganz einfachen Erfahrungen einer Frau, die das Evangelium ernst genommen hat. Die Einfachheit der frohen Botschaft entdeckt und gelebt zu haben und darin zur Freiheit, Reife und Heiligkeit gelangt zu sein, ist das Vermächtnis der Thérèse von Lisieux. Dies ist heute vielleicht nicht mehr in seiner Brisanz deutlich. Auf dem Hintergrund des ausgehenden 19. Jahrhunderts, einer Zeit, in der Rubrizismus, Kompliziertheit und Steifheit auf weite Strecken die Frömmigkeit gelähmt hatten und Skrupulanten produziert wurden, ist dies umso erstaunlicher.

Diese schlichte, unaufdringliche, innere Freiheit hat Menschen angesprochen, hat sie ermutigt in ihrem alltäglichen Leben und hat ihnen das Evangelium neu erschlossen. Jenen Menschen, die wie Thérèse auch unter lähmenden Vorschriften, alten Riten, verstaubten Meinungen und autoritärem Gebaren litten.

Heute geht es an manchen Stellen sicher immer noch oder wieder um die Befreiung von autoritären Strukturen in der Frömmigkeit, die in neuen geistlichen Bewegungen angesagt sind und sich auch in fundamentalistischen Gruppen in der Kirche zeigen. Es kommt nicht von ungefähr, dass der Widerstand gegen die Ernennung Thérèses zur Kirchenlehrerin aus diesen Bewegungen kam.

Auf der anderen Seite ermutigt die Heilige von Lisieux mit ihrem »kleinen Weg« zu einer Frömmigkeit des Alltags, die sich dem Erlebnisdruck und der Erfahrungssucht postmoderner Religiosität nicht beugt, sondern in Konsequenz, großer Offenheit, sensibler Aufmerksamkeit, schlichter Einfachheit und gläubiger Gelassenheit die alltägliche Nachfolge Christi in dieser Welt lebt und gestaltet.

Thérèse wurde zur Patronin der Missionen ernannt, sie, die die meiste Zeit ihres Lebens abgeschieden hinter Klostermauern lebte. Ihr Geist, ihr Horizont ließ sich dadurch nicht eindämmen, sie wollte nicht etwas, sie wollte ALLES, und so wurde sie zu Recht Patronin der Missionen. Auch einer missionarischen Kirche nach heutigem Verständnis ist sie eine gute Patronin, denn die Mission, für die Thérèse steht, lehrt die Menschen, dass die Einfachheit der Gottesbeziehung – wie sie Jesus vorgelebt und wie sie Thérèse für sich und ihre Leserinnen und Leser wiederentdeckt hat – zur Freiheit, Reife und Heiligkeit, kurz: zur Vollkommenheit führt.

Abkürzungen

Sb = Thérèse vom Kinde Jesu, Selbstbiographie. Übertragen von Otto Iserland und Cornelia Capol, Johannes Verlag Einsiedeln, Freiburg, 15. Auflage 2003.

LG = Martin Thérèse, Ich gehe ins Leben ein. Letzte Gespräche der Heiligen von Lisieux, Deutsche authentische Ausgabe, Leutesdorf am Rhein, 1979.

Brief = Martin Thérèse, Briefe der heiligen Thérèse von Lisieux. Deutsche authentische Ausgabe, Leutesdorf am Rhein. 2. Auflage 1977. In Klammern sind jeweils die Briefnummer und die Seite angegeben.

Anmerkungen

[1] Johannes vom Kreuz. Aufstieg auf den Berg Karmel
II, 5,7; zitiert nach: Johannes vom Kreuz, Aufstieg
auf den Berg Karmel, Freiburg/Basel/Wien 1999, S.
143.

[2] Teresa von Avila, Weg der Vollkommenheit 46,3;
zitiert nach: Teresa von Avila, Weg der Vollkommenheit, Freiburg/Basel/Wien 2003, S. 237 f.

[3] Teresa von Avila, Weg der Vollkommenheit 67,5,
a.a.O., S. 302.

[4] Johannes vom Kreuz, Aufstieg auf den Berg Karmel
II, 5,3, a.a.O., S. 139.

[5] Karl Rahner, Frömmigkeit früher und heute, in:
ders., Schriften zur Theologie, Bd. 7, Einsiedeln
1966, S. 11–31, hier S. 23.

[6] Abbé Chenart, Betrachtungen, Ins Deutsche übertragen von J. Petry, Bd. 1, Mainz 1889, S. 15 f.

[7] Teresa von Avila, Leben 8,5; zitiert nach: Teresa
von Avila, Das Buch meines Lebens, Freiburg/Basel/
Wien 2001, S. 156 f.

[8] Teresa von Avila, Wohnungen der Inneren Burg VII,
4,6; zitiert nach: Teresa von Avila, Wohnungen der
Inneren Burg, Freiburg/Basel/Wien 2005, S. 362.

[9] Teresa von Avila, Wohnungen der Inneren Burg VII,
4,12, a.a.O., S. 367.

[10] Ignatius von Loyola, Geistliche Übungen 316; zitiert nach: Ignatius von Loyola, Geistliche Übungen, Freiburg/Basel/Wien 1998, S. 128.

[11] Teresa von Avila, Weg der Vollkommenheit 39,3; zitiert nach: Teresa von Jesus, Weg der Vollkommenheit, Leutesdorf am Rhein 1992, S. 195.

Die Lebenskunst der Klöster

Münsterschwarzacher Kleinschriften

Die Titel dieser Reihe sind auch im **Abonnement** zu beziehen. Gerne informieren wir Sie unter Tel. 09324/20-292 über diese Möglichkeit.

VIER-TÜRME-VERLAG
Telefon 09324/20-292 · Telefax 09324/20-495
Bestellmail: info@vier-tuerme.de / www.vier-tuerme-verlag.de

Pierre Stutz

Licht in dunkelster Nacht
Vier Briefe
an bekannte Mystiker

broschiert, 129 Seiten,
ISBN 978-3-87868-626-2

In einer Identitätskrise werden für Pierre Stutz
die Texte von vier bekannten Mystikerinnen
und Mystikern zum
„Licht in dunkelster Nacht".

In Briefen an Hildegard von Bingen,
Teresa von Avila, Johannes Tauler
und Johannes vom Kreuz stellt der Autor
ihr Ringen mit Gott und mit der Welt,
ihr Leben und ihre Liebe auf eine sehr persönliche
und lebendige Weise vor.

Vier-Türme-Verlag
97359 Münsterschwarzach Abtei
Telefon 0 93 24 / 20-292 Telefax 0 93 24 / 20-495
Bestell-E-mail: info@vier-tuerme.de
www.vier-tuerme-verlag.de

Reinhard Körner

Dunkle Nacht
Mystische Glaubenserfahrung
nach Johannes vom Kreuz

broschiert, 90 Seiten,
ISBN 978-3-87868-654-5

Viele Menschen haben auf ihrem Glaubensweg
die Erfahrung machen müssen, dass das ständige
und sehnsüchtige Suchen nach Gott und das gleichzeitige
Erleben der Unbegreifbarkeit Gottes zum Erlebnis der
Dunklen Nacht führen kann.

Der spanische Mystiker Johannes vom Kreuz beschreibt
dieses Erlebnis als eine Phase der persönlichen spirituellen
Entwicklung.

Reinhard Körner macht bei Interpretation der Texte deutlich, dass die Erfahrung der Dunklen Nacht
nicht als Zweifel, sondern als Begegnung mit Gott
gesehen werden kann.

Vier-Türme-Verlag
97359 Münsterschwarzach Abtei
Telefon 0 93 24 / 20-292 Telefax 0 93 24 / 20-495
Bestell-E-mail: info@vier-tuerme.de
www.vier-tuerme-verlag.de